ARCHITEKTURFÜHRER BASEL

EIN FÜHRER ZUR
ARCHITEKTUR IN BASEL
UND UMGEBUNG 1980 - 1995

ZUSAMMENGESTELLT VON
DANIEL BURCKHARDT UND
DANIEL WITTLIN

BASEL 1995

SPONSOREN

**✿/MANOR
PLACETTE
INNOVAZIONE**

INHALT

VORWORT
BASEL ÜBERSICHT

INNERSTADT	**1 - 9**
KLEINBASEL	**10 - 18**
ST. ALBAN	**19 - 23**
BAHNHOF	**24 - 32**
SPALENTOR	**33 - 41**
KANNENFELD	**42 - 49**
BRUDERHOLZ	**50 - 53**
ST. JAKOB/WOLF	**54 - 57**
RIEHEN	**58 - 66**
WEIL	**67 - 70**
REGION BASEL	**71 - 90**

ADRESSEN
FOTONACHWEIS

EINLEITUNG

Ein repräsentatives Bild, ein wichtiger Plan und ein kurzer Text begleiten Sie in einfacher Weise zu den Bauten und sollte ein Ansporn zu vertieftem Studium der Gebäude sein.

Mit den ausklappbaren Quartierblättern ist für Sie die Beziehung vom einzelnen Objekt zum Standort im städtischen Gefüge sofort ersichtlich. Durch Einklappen des Deckels finden Sie jederzeit zum letzten Baubeschrieb zurück.

Wir danken den Firmen Manor AG, Migros sowie Herrn Holinger für die grosszügige Unterstützung, die das Erscheinen dieser aktualisierten Auflage des Führers ermöglichte.

Wir wünschen viel Spass an guter Architektur!

Daniel Burckhardt und Daniel Wittlin
Basel 1995

VORWORT

Die beiden Autoren wünschen mit diesem Führer "viel Spass an guter Architektur". Er dokumentiert eine Periode des Architekturschaffens in Basel bei der durch eine enge Zusammenarbeit von hervorragenden Architekten, sensibilisierten Bauherren, engagierten Politikern, interessierten Beamten und kritischen Medien ein kulturelles Klima entstand, das günstige Voraussetzungen für gute Architektur schuf.
Damit aber ein derartiges Klima erhalten bleibt, braucht es eine ständige Auseinandersetzung über Baukultur.

Dieser Führer leistet dazu einen wertvollen Beitrag.

Carl Fingerhuth

A	INNERSTADT	1 - 9
B	KLEINBASEL	10 - 18
C	ST. ALBAN	19 - 23
D	BAHNHOF	24 - 32
E	SPALENTOR	33 - 41
F	KANNENFELD	42 - 49
G	BRUDERHOLZ	50 - 53
H	ST. JAKOB / WOLF	54 - 57
R	RIEHEN	58 - 66
W	WEIL	67 - 70

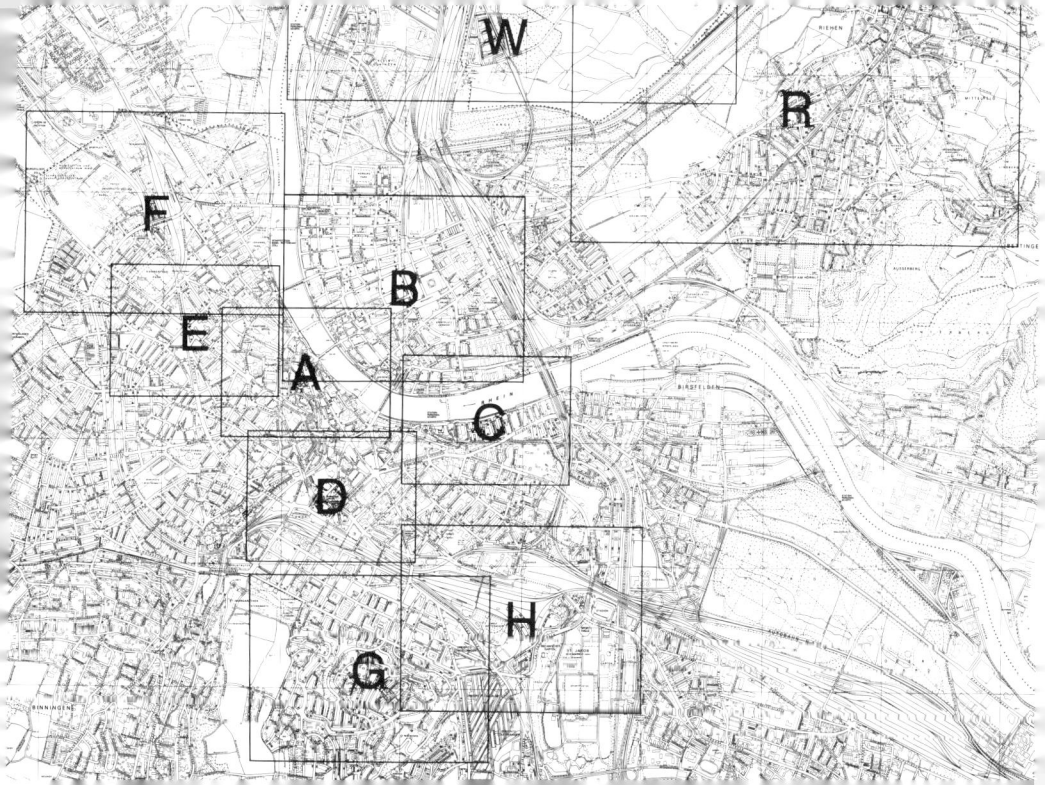

BASEL ÜBERSICHT

A 1 ARCHITEKTURMUSEUM / RASSER & VADI, DIENER & DIENER / 1959, 1984
Pfluggässlein 3, Tram 1, 3, 6, 8, 14, 15, 16, 17 Barfüsserplatz

2 UMBAU THEATER TABOURETTLI / SANTIAGO CALATRAVA / 1986 - 88
Spalenberg 12, Tram 1, 6 , 8, 14, 15, 16, 17 Marktplatz

3 ROSSHOF / NAEF, STUDER & STUDER / 1984 - 88
Petersgraben 49 - 51, Tram 3 / Bus 37 Lyss

4 WOHN- UND GESCHÄFTSHAUS / MARBACH & RÜEGG / 1984 - 85
Spalenvorstadt 11, Tram 3 / Bus 37 Lyss

5 WOHN- UND GESCHÄFTSHAUS / HERZOG & DE MEURON / 1992 - 93
Schützenmattstrasse 11, Tram 3 / Bus 37 Lyss

6 ENGELHOF / SILVIA GMÜR und VISCHER ARCHITEKTEN / 1988 - 90
Nadelberg 4, Tram 3 / Bus 37 Lyss

7 WOHNHAUS IM HOF / HERZOG & DE MEURON / 1987 - 88
Hebelstrasse 11, Tram 3 / Bus 37 Lyss

8 INFORMATIKABTEILUNG / FURRER & FASNACHT, NUSSBAUMER / 1988 - 89
Kantonsspital Basel, ZLF, Tram 15 / Bus 36, 38 Predigerkirche

9 TRAMWARTEHALLEN / STINER, FURRER & FASNACHT / AB 1985
Diverse Haltestellen der Basler Verkehrsbetriebe

B 10 UMBAU ARBEITSAMT / FIERZ & BAADER / 1981 - 85
Utengasse 36, Tram 6, 8, 14, 17 Claraplatz

11 VERWALTUNGSGEBÄUDE / DIENER & DIENER / 1989 - 90
Rebgasse 34, Tram 6, 8, 14, 17 Claraplatz

12 WOHN- UND GESCHÄFTSHAUS MIT SAAL / DIENER & DIENER / 1983
Clarastrasse 57, Tram 2, 6, 8 Mustermesse

13 WOHNBEBAUUNG HAMMER 1 / DIENER & DIENER / 1978 - 81
Hammerstrasse, Bläsiring, Efringerstrasse, Tram 1 / Bus 33 Riehenring

14 WOHNBEBAUUNG HAMMER 2 / DIENER & DIENER / 1980 - 85
Riehenring, Amerbachstrasse, Efringerstrasse, Tram 1 / Bus 33 Riehenring

15 KOMMUNALES WOHNHAUS / MORGER & DEGELO / 1990 - 93
Müllheimerstrasse 138 - 140, Bus 33 Hammerstrasse

16 KINDERGARTEN / MORGER, DEGELO & PRETRE / 1990
Zähringerstrasse, Tram 1, 14, 17 Dreirosenbrücke

17 BÜROGEBÄUDE / BURCKHARDT + PARTNER AG / 1991
Schwarzwaldallee, Tram 2, 6, Bus 33 Badischer Bahnhof

18 WOHNSIEDLUNG WIESENGARTEN / W. & K. STEIB / 1983 - 86
Wiesendamm, Altrheinweg, Giessliweg, Tram 14, 17 Wiesenplatz

C **19** MUSEUM FÜR GEGENWARTSKUNST / W. & K. STEIB / 1980
St. Alban-Rheinweg 60, Tram 3 St. Alban-Tor

20 WERKSTÄTTEN UND ATELIERS / MICHAEL ALDER / 1986 - 87
St. Alban-Tal 40a, Tram 3 St. Alban Tor

21 UMBAU INDUSTRIEGEBÄUDE / MICHAEL ALDER / 1986 - 87
St. Alban-Tal 42, Tram 3 St. Alban-Tor

22 WOHNHÄUSER MIT ATELIERS / DIENER & DIENER / 1982 - 86
St. Alban-Rheinweg 94, Tram 3 St. Alban-Tor

23 HAUS DER SCHWEISSTECHNIK / BÜRGIN NISSEN WENZLAFF / 1992 - 93
St. Alban-Rheinweg 222, Tram 3 Breite

D **24** VERWALTUNGSGEBÄUDE / DIENER & DIENER / 1990 - 93
Picassoplatz, Tram 1, 3, 8, 10, 11, 14, 15 Aeschenplatz

25 UMBAU UND ERWEITERUNG BÜROHAUS / HERZOG & DE MEURON / 1991 - 93
St. Jakobstrasse 24, Tram 1, 3, 8, 10, 11, 14, 15 Aeschenplatz

26 BANKGEBÄUDE / MARIO BOTTA / BURCKHARDT + PARTNER AG / 1991 - 94
Aeschenplatz, Tram 1, 3, 8, 10, 11, 14, 15 Aeschenplatz

27 HOTEL METROPOL / DIENER & DIENER / 1978 - 81
Elisabethenanlage 5, Tram 1, 2, 8 Bahnhof

28 WOHN- UND GESCHÄFTSHAUS / FURRER & FASNACHT / 1992
Steinenvorstadt 62, Tram 6, 10, 16, 17 Heuwaage

29 VERWALTUNGSGEBÄUDE / DIENER & DIENER / 1984 - 90
Steinentorberg 12, Tram 6, 10, 16, 17 Heuwaage

30 AUSBILDUNGSZENTRUM / DIENER & DIENER / 1989 - 93
Viaduktstrasse, Tram 1, 2, 8, 16 Markthalle

E

31 VERWALTUNGSGEBÄUDE / ALIOTH REMUND GAIBA / 1986 - 90
Höhenweg 6, Tram 2, 16 IWB

32 BÜROHAUS / DIENER & DIENER / 1986 - 89
Hochstrasse 31, Tram 15, 16 Tellplatz

33 ALTERSHEIM LINDENHOF / BROGLI & MÜLLER / 1990
Socinstrasse 30, Tram 3 / Bus 33 Spalentor

34 LEHRWERKSTÄTTEN / FIERZ & BAADER / 1992 - 93
Missionsstrasse 47, Tram 3 Pilgerstrasse

35 WOHNHAUS MIT GEMEINDESAAL / URS GRAMELSBACHER / 1993 - 95
Missionsstrasse 37, Tram 3 Pilgerstrasse

36 WOHNHAUS / FIERZ & BAADER / 1992 - 93
Mittlere Strasse 36, Tram 3 Pilgerstrasse

37 WOHNHAUS MIT BANKFILIALE / DIENER & DIENER / 1982 - 85
Missionsstrasse 86, Tram 1, 3 Burgfelderplatz

38 ERWEITERUNG ANATOMISCHES INSTITUT / FIERZ & BAADER / 1993 - 95
Pestalozzistrasse 20, Tram 15 St. Johanns-Tor / Bus 36, 38 Metzerstrasse

39 VOGESENSCHULHAUS / DIENER & DIENER / 1994 - 95
St. Johanns Ring / Spitalstrasse, Tram 15 St. Johanns-Tor

40 WOHN-, GESCHÄFTSHAUS SCHWITTER / HERZOG & DE MEURON / 1985 - 88
Allschwilerstrasse 00, Tram 6 Allschwilerstrasse

41 WOHN- UND ATELIERHAUS / DIENER & DIENER / 1984 - 86
Allschwilerstrasse 106, Tram 6 / Bus 36, 38 Morgartenring

F 42 SCHIFFSANLEGESTELLE / W. & K. STEIB / 1988 - 90
Elsässerrheinweg, Tram 15 St. Johanns-Tor

43 PASSAGIERSCHIFF C. MERIAN / ERNY, GRAMELSBACHER, SCHNEIDER / 1990
Rhein

44 WOHNBAUTEN DAVIDSBODEN / ERNY, GRAMELSBACHER, SCHNEIDER / 1990
Gasstrasse, Vogesenstrasse, Tram 1 / Bus 36, 38, 50 Kannenfeldplatz

45 WOHNBAUTEN LUZERNERRING / ERNY, GRAMELSBACHER, SCHNEIDER / 1989 - 93
Burgfelderstrasse 200 - 206, Tram 3 / Bus 36 Luzernerring

46 WOHNBAUTEN LUZERNERRING / ALDER UND PARTNER / 1989 - 94
Bungestrasse 10 - 18, Tram 3 / Bus 36 Luzernerring

47 WOHNBAUTEN LUZERNERRING / ERNST SPYCHER / 1989 - 93
Julia-Gauss Strasse 10 - 17, Tram 3 / Bus 36 Luzernerring

48 WOHNBAUTEN LUZERNERRING / VISCHER + OPLATEK / 1989 - 93
Julia-Gauss Strasse 5 - 9, Tram 3 / Bus 36 Luzernerring

49 TURNHALLE PFAFFENHOLZ / HERZOG & DE MEURON / 1992 - 94
Im Burgfelderhof, Tram 3 Burgfelden Grenze

G 50 WOHN- UND VEREINSGEBÄUDE MIT SAAL / ARCHITEAM 4 / 1992 - 95
Güterstrasse / Tellplatz, Tram 15, 16 Tellplatz

| | 51 | WOHNHAUSERWEITERUNG / MORGER & DEGELO / 1988
Gundeldingerstrasse 147, Bus 36 Kunsteisbahn |

| | 52 | EINZIMMERHAUS / SILVIA GMÜR / 1992
Sonnenbergstrasse 92, Tram 15 Wolfschlucht |

| | 53 | ANBAU AN EIN WOHNHAUS / MORGER & DEGELO / 1990 - 91
Arabienstrasse 27, Tram 15 / Bus 36 Bruderholzstrasse |

H 54 FERNMELDEAMT / BÜRGIN & NISSEN / ZWIMPFER PARTNER / 1988
Grosspeterstrasse 20, Tram 10, 11, 15 Grosspeterstrasse

55 STELLWERK / HERZOG & DE MEURON / 1992 - 94
Walkenweg / Güterbahnhof Wolf, Tram 10, 11 Wolfgottesacker / Bus 36 Dreispitz

56 LOKOMOTIVDEPOT / HERZOG & DE MEURON / 1992 - 95
Walkenweg / Güterbahnhof Wolf, Tram 10, 11 Wolfgottesacker / Bus 36 Dreispitz

57 GARDEROBENGEBÄUDE / SCHEIWILLER & OPPLIGER / 1992 - 93
Sportstätten St. Jakob, Tram 14 / Bus 36 St. Jakob

R 58 WOHNHAUS IM PARK / SILVIA GMÜR / 1990 - 92
Äussere Baselstrasse 397, Tram 2, 6 Eglisee

59 SCHULHAUS NIEDERHOLZ / ROLF BRÜDERLIN / 1993 - 94
Langenlängeweg , Tram 6 Niederholz

60 WOHNSIEDLUNG / METRON ARCHITEKTEN / 1991 - 93
Im Niederholzboden, Tram 6 Niederholz

61 ANBAU AN EINFAMILIENHAUS / SILVIA GMÜR / 1988
Rütiring 12, Bus 35 Rudolph Wackernagelstrasse

62 EINFAMILIENHAUS / FIERZ & BAADER / 1992
Am Hang 19, Bus 35 Rudolph Wackernagelstrasse

63 GARDEROBENGEBÄUDE / LÖW & DÖRR / 1990 - 91
Grendelmatte, Tram 6 Burgstrasse

64 BEYELER MUSEUM / RENZO PIANO / BURCKHARDT + PARTNER AG / 1994 - 96
Baselstrasse 121, Tram 6 Weilstrasse

65 ALTERS- UND PFLEGEHEIM ZUM WENDELIN / W. & K. STEIB / 1985 - 88
Inzlingerstrasse 50, Tram 6 Weilstrasse

66 WOHNSIEDLUNG VOGELBACH / ALDER UND PARTNER / 1990 - 92
Friedhofweg 30 - 80, Tram 6 Weilstrasse

W 67 KONFERENZ- UND TAGUNGSGEBÄUDE / TADAO ANDO / GPF & ASS. / 1992 - 93
Römerstrasse

68 VITRA DESIGN MUSEUM / FRANK O. GEHRY / GPF & ASS. / 1988 - 89
Römerstrasse

69 FEUERWEHRGEBÄUDE / ZAHA HADID / GPF & ASS. / 1991 - 92
Charles-Eames-Strasse

70 FOTO STUDIO / HERZOG & DE MEURON / 1981 - 82
Riedlistrasse 41

1 ARCHITEKTURMUSEUM / RASSER & VADI, DIENER & DIENER / 1959, 1984
Pfluggässlein 3, Tram 1, 3, 6, 8, 14, 15, 16, 17 Barfüsserplatz

2 UMBAU THEATER TABOURETTLI / BEDA KÜNG / SANTIAGO CALATRAVA / 1986 - 88
Spalenberg 12, Tram 1, 6 , 8, 14, 15, 16, 17 Marktplatz

3 ROSSHOF / NAEF, STUDER & STUDER / 1984 - 88
Petersgraben 49 - 51, Tram 3 / Bus 37 Lyss

4 WOHN- UND GESCHÄFTSHAUS / MARBACH & RÜEGG / 1984 - 85
Spalenvorstadt 11, Tram 3 / Bus 37 Lyss

5 WOHN- UND GESCHÄFTSHAUS / HERZOG & DE MEURON / 1992 - 93
Schützenmattstrasse 11, Tram 3 / Bus 37 Lyss

6 ENGELHOF / SILVIA GMÜR und VISCHER ARCHITEKTEN / 1988 - 90
Nadelberg 4, Tram 3 / Bus 37 Lyss

7 WOHNHAUS IM HOF / HERZOG & DE MEURON / 1987 - 88
Hebelstrasse 11, Tram 3 / Bus 37 Lyss

8 INFORMATIKABTEILUNG / FURRER & FASNACHT, NUSSBAUMER / 1988 - 89
Kantonsspital Basel, ZLF, Tram 15 / Bus 36, 38 Predigerkirche

9 TRAMWARTEHALLEN / STINER, FURRER & FASNACHT / AB 1985
Diverse Haltestellen der Basler Verkehrsbetriebe

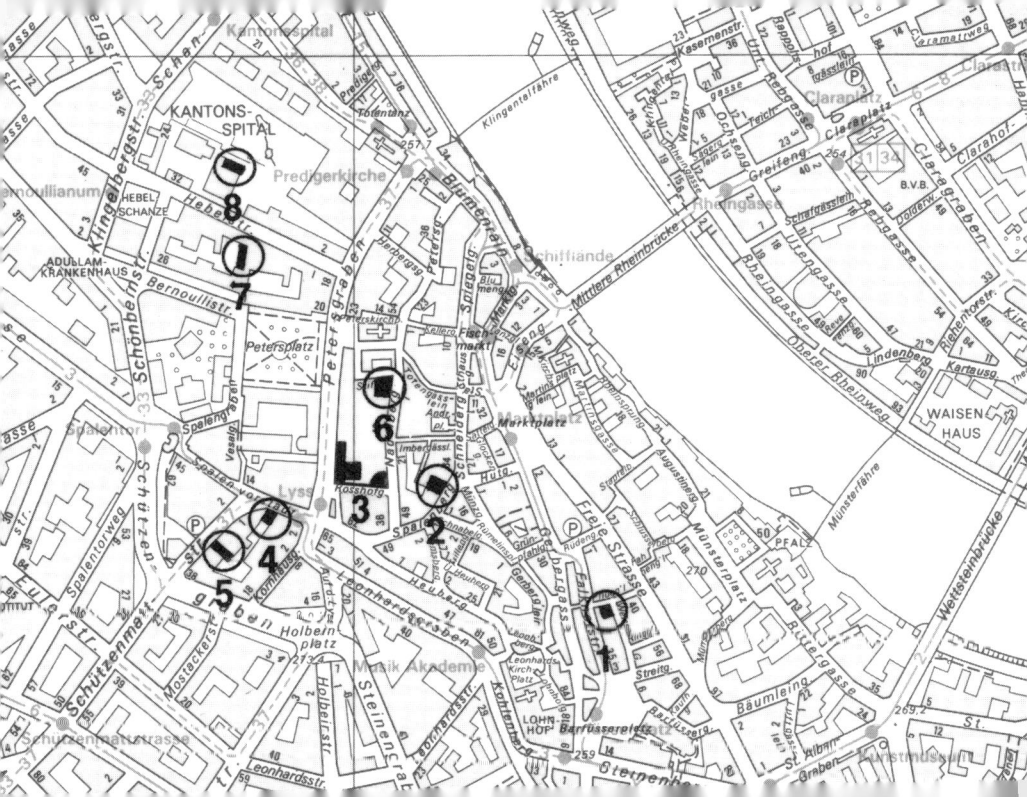

INNERSTADT A

ARCHITEKTURMUSEUM
PFLUGGÄSSLEIN 3
RASSER & VADI / DIENER & DIENER / 1959, 1984

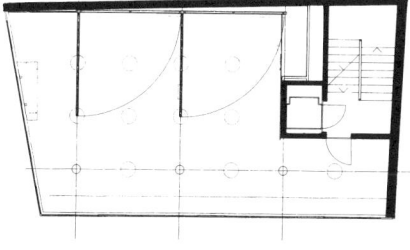

Das 1959 von Rasser und Vadi erbaute "Domushaus", ein gutes Beispiel moderner Nachkriegsarchitektur, konnte für das Architekturmuseum von Basel gewonnen werden.

1984 wird das ehemalige Geschäftshaus mit einfachsten und klärenden Mitteln saniert.

Die klare Struktur wird unterstützt durch bewegliche Ausstellungswände, die ein Beziehungsnetz von Raum und Struktur bilden.

Die überzeugende architektonische Qualität geht mit den Anschauungen des Architekturmuseums in dienlicher Weise einher, indem es selbst zur konkreten Manifestation dieser Institution wird.

UMBAU THEATER TABOURETTLI
SPALENBERG 12
BEDA KÜNG / SANTIAGO CALATRAVA / 1986 - 88

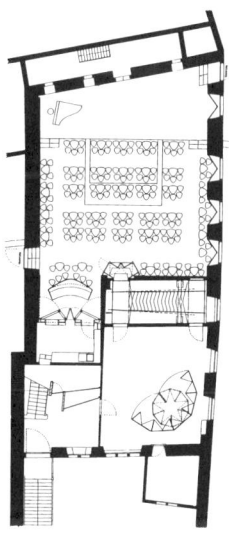

Es sind drei Räumlichkeiten, aus deren Reihenfolge das Cabaret-Theater entstanden ist :
Den Auftakt bilden das Foyer und das Treppenhaus. Dann folgt das aus einer gotischen Stube entstandene Pausenfoyer mit einer verspiegelten hölzernen Garderobe.
Im eigentlichen Theatersaal wurden drei tragende Stützen entfernt.
Dies erforderte eine Aufhängung der Deckenkonstruktion, deren Lasten zur Hälfte über die stählerne Treppe in die Fundamente abgeleitet werden.
Eigens für das Tabourettli wurden Möbel, Tische, Hocker und Lampen entworfen.

ROSSHOF
PETERSGRABEN 49 - 51
NAEF, STUDER & STUDER / 1984 - 88

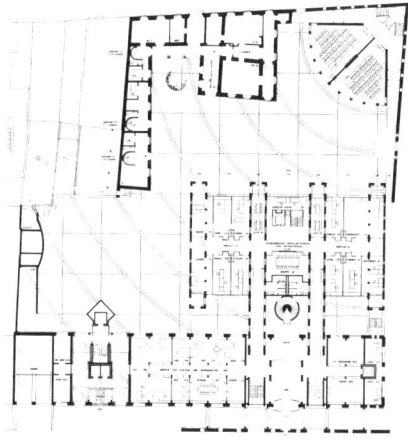

Die Grenze zur mittelalterlichen Stadt wird am Petersgraben durch den markanten Längsbau neu formuliert. Der vorgesetzte, mit rotem Sandstein verkleidete Schild wird assoziativ zu einem Fragment der früheren Stadtmauer. Die Hofbauten fügen sich in das innerstädtische Grundmuster ein; die Mauer, die den halböffentlichen Innenhof gegen die Altstadt umschliesst, wird Teil der Gassen.

Die innenräumliche Organisation ist vom Stadtbild geprägt, von Gassen und Plätzen an denen die Nutzräume liegen. Eine zentrale Halle dient als Treffpunkt und Orientierungshilfe.

Fast alle Wohnungen sind als Maisonnetten ausgebildet und liegen in den obersten Geschossen. Sie sind so organisiert, dass sie der speziellen Lage und der herrlichen Aussicht auf die Alt- beziehungsweise Neustadt gerecht werden.

WOHN- UND GESCHÄFTSHAUS
SPALENVORSTADT 11
MARBACH & RÜEGG / 1984 - 85

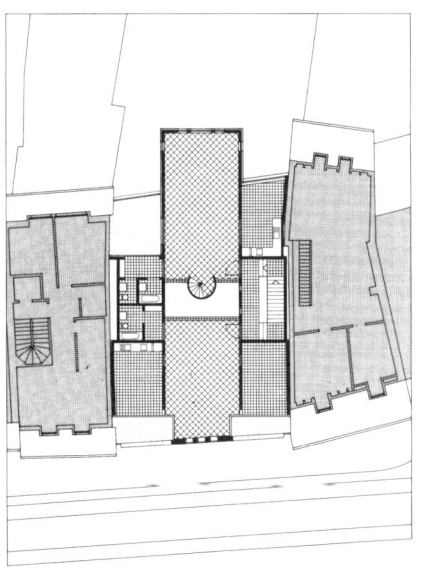

Das Wohn- und Geschäftshaus, welches aus einem gesamtschweizerischen Wettbewerb hervorgegangen ist, verkörpert eine klare und überzeugende Haltung im Umgang mit neuer Bausubstanz in historischer Umgebung.

Seine konkrete Formensprache sowie geschickt gewählte Materialien, lassen dieses Gebäude, welches eine Baulücke füllt, zu einem Teil einer zusammenhängenden Einheit werden.

Der tiefe Grundriss wird durch die Feuerwehreinfahrt bestimmt, die in allen Geschossen ablesbar bleibt. Innerhalb des einfachen, fast statischen Aufbaus befinden sich verblüffend vielfältige Nutzungen und Raumanordnungen.

Die Fassade, die horizontale und vertikale Bezüge der Nachbarhäuser aufnimmt, gliedert sich unauffällig und doch bestimmt in die Strassenflucht ein.

WOHN- UND GESCHÄFTSHAUS
SCHÜTZENMATTSTRASSE 11
HERZOG & DE MEURON / 1992 - 93

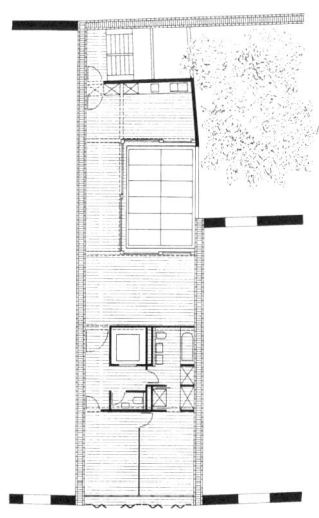

Auf einer schmalen Parzelle, innerhalb einer der ältesten Basler Vorstädte, entstand ein Haus, welches durch eine ungewöhnliche Fassadengestaltung auffällt. Diese beruht auf dem Motiv des Eingespanntseins zwischen zwei Brandmauern; die Fassade reagiert subtil auf die heterogene Häuserzeile der Schützenmattstrasse.

Gusseiserne Formteile bekleiden das Gebäude wie einen schützenden Vorhang, wirken aber dank ihrer Verschiebbarkeit und Transparenz sehr leicht. Die wellenförmigen Vertikalen versuchen eine Verbindung der beiden grundverschiedenen Nachbarhäuser herzustellen. Der zentrale, trichterförmige Lichthof erhellt die 21 Meter tiefen Wohnungen zucätzlich und mahnt an oin japanicchoc Hofhaus.

ENGELHOF
NADELBERG 4
SILVIA GMÜR UND VISCHER ARCHITEKTEN / 1988 - 90

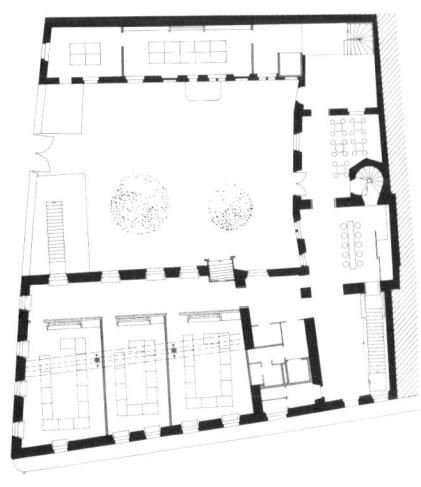

Der im 14. Jahrhundert erbaute Engelhof ist heute im Besitz der Universität; das Deutsche, Nordische und Slavische Institut sind darin untergebracht.
Die neue Nutzung ermöglichte es, die additiv aneinandergewachsenen Bauteile durch ein zusammenhängendes Erschliessungskonzept zu verbinden.
Die notwendigen Sanierungen und Veränderungen sollten sich der vorhandenen Gebäudetypologie und Bausubstanz unterordnen. Statische Verstärkungen sind als Hilfskonstruktionen erfassbar, z.B. in Form von Unterspriessungen.
Beim Einbau der Bibliothek in den Dachstuhl führt ein vom alten Holztragwerk unabhängiger, neu integrierter Stahltisch die Lasten in das Fassadenmauerwerk ein.

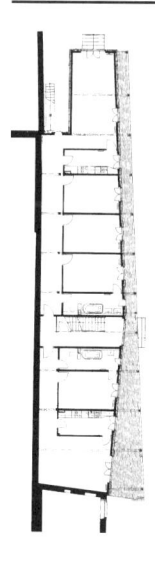

WOHNHAUS IM HOF
HEBELSTRASSE 11
HERZOG & DE MEURON / 1987 - 88

In einem intimen Hinterhof, ein "innerer" städtischer Raum, wirkt das hölzerne Wohnhaus wie ein vor die Wand gestelltes Möbel.

Es verweist auf die Hofmauer, die zum bestimmenden Moment des Entwurfs wurde:

Die linear angeordneten, zum Hof gerichteten Räume werden durch einen Gang entlang der Mauer verbunden und die von der Mauer ausgehenden horizontalen Balken treffen auf eine Reihe gedrechselter Säulen.

In den beiden unteren Geschossen sind hölzerne Füllungen wie ein Paravent oder einzelne, aneinandergereihte Türen in diese Balkenstruktur hineingestellt.

Im obersten Stockwerk bestehen die Stützen und Balken aus Stahl, die Haut ganz aus Glas.

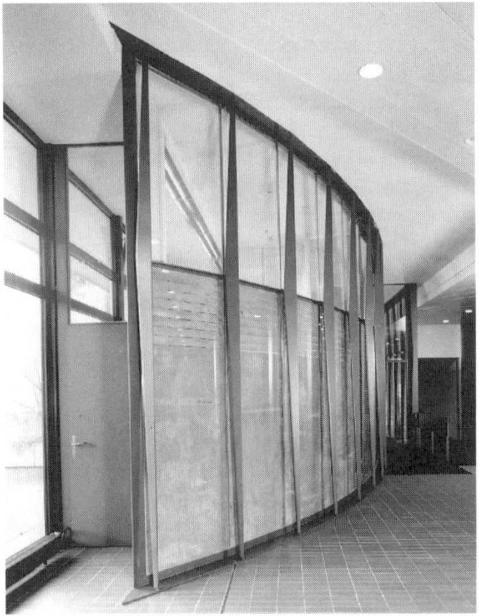

INFORMATIKABTEILUNG
KANTONSSPITAL BASEL, ZLF
FURRER & FASNACHT, NUSSBAUMER / 1988 - 89

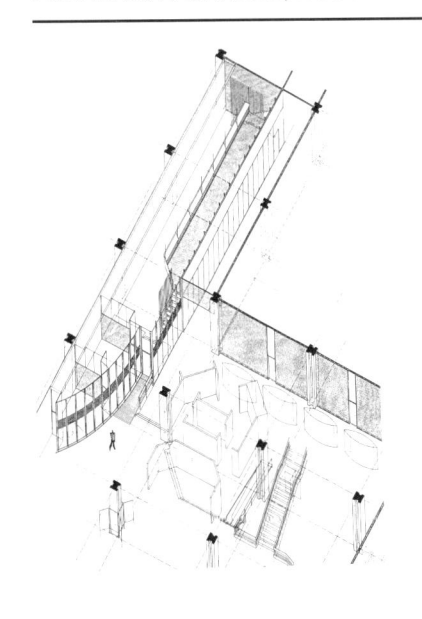

Der Einbau der Informatikabteilung musste in die bestehende Baustruktur des Zentrums für Lehre und Forschung (ZLF) integriert werden.
Die ungenügend natürlich belichtete Vorhalle durfte nicht weiter verdunkelt werden.
Die Raumhöhe von 4.80 m erlaubte die Aufhängung eines Galeriegeschosses an der Decke und an einer stabilisierenden Stützenreihe aus abgekanteten Stahlblechen. Diese Stützen dienen zur Aufhängung einer Treppe und im Hallenbereich zur Halterung einer teilweise leicht gekrümmten, raumtrennenden, im oberen Teil transparenten Glaswand.
Bei den Elementen der äusseren Glasmembran sind dünne, oxydierte Kupferbleche eingelegt

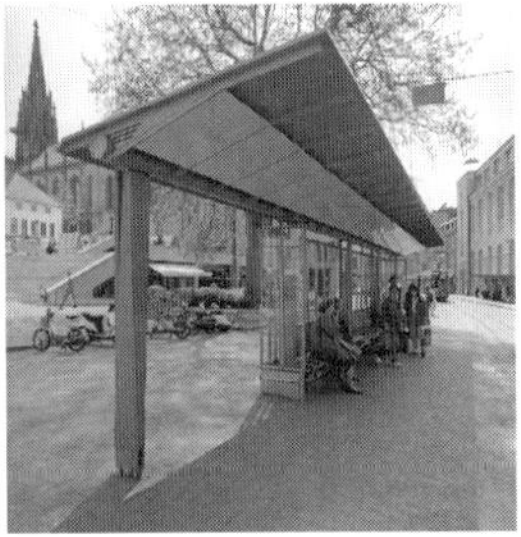

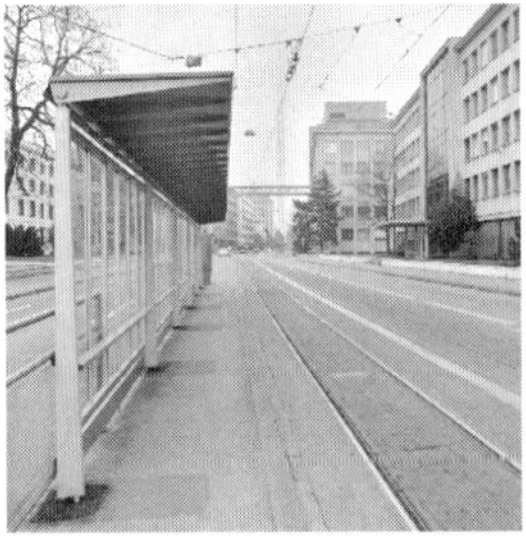

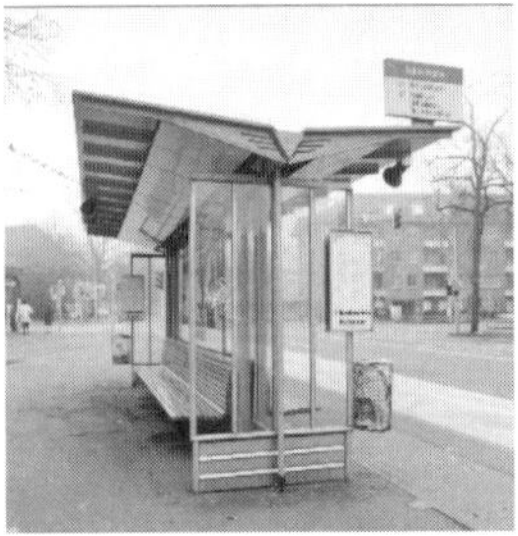

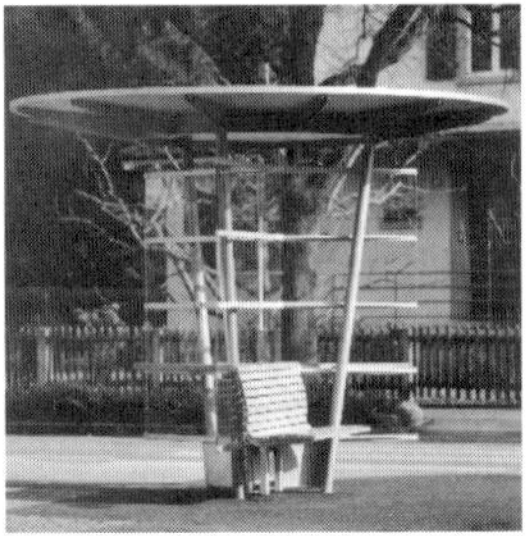

TRAM- UND BUSWARTEHALLEN
DIVERSE HALTESTELLEN DER BVB
STINER, FURRER & FASNACHT / AB 1985

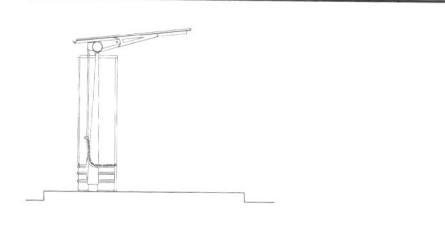

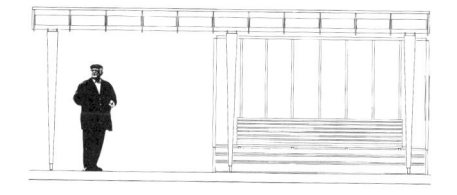

Mit neuen Wartehallen sollte dem öffentlichen Verkehrsmittel mehr Attraktivität verliehen werden.

Der zuerst entwickelte Normtyp ist modular aufgebaut und kann der jeweiligen Situation angepasst werden. Bisher wurden im Kantonsgebiet an die 50 Wartehallen errichtet.

Unterstützt durch die geschickte farbliche Gestaltung befriedigen die Wartehallen die Anforderungen in funktioneller ebensogut wie in ästhetischer Hinsicht.

Für städtebaulich und verkehrstechnisch besondere Situationen wurden der Schmal-, der Doppel- und der Rundtyp entwickelt.

Die Stahl-Blech-Glas-Konstruktion wirkt leicht, offen und freundlich.

10 UMBAU ARBEITSAMT / FIERZ & BAADER / 1981 - 85
Utengasse 36, Tram 6, 8, 14, 17 Claraplatz

11 VERWALTUNGSGEBÄUDE / DIENER & DIENER / 1989 - 90
Rebgasse 34, Tram 6, 8, 14, 17 Claraplatz

12 WOHN- UND GESCHÄFTSHAUS MIT SAAL / DIENER & DIENER / 1983
Clarastrasse 57, Tram 2, 6, 8 Mustermesse

13 WOHNBEBAUUNG HAMMER 1 / DIENER & DIENER / 1978 - 81
Hammerstrasse, Bläsiring, Efringerstrasse, Tram 1 / Bus 33 Riehenring

14 WOHNBEBAUUNG HAMMER 2 / DIENER & DIENER / 1980 - 85
Riehenring, Amerbachstrasse, Efringerstrasse, Tram 1 / Bus 33 Riehenring

15 KOMMUNALES WOHNHAUS / MORGER & DEGELO / 1990 - 93
Müllheimerstrasse 138 - 140, Bus 33 Hammerstrasse

16 KINDERGARTEN / MORGER, DEGELO & PRETRE / 1990
Zähringerstrasse, Tram 1, 14, 17 Dreirosenbrücke

17 BÜROGEBÄUDE / BURCKHARDT + PARTNER AG / 1991
Schwarzwaldallee, Tram 2, 6, Bus 33 Badischer Bahnhof

18 WOHNSIEDLUNG WIESENGARTEN / W. & K. STEIB / 1983 - 86
Wiesendamm, Altrheinweg, Giessliweg, Tram 14, 17 Wiesenplatz

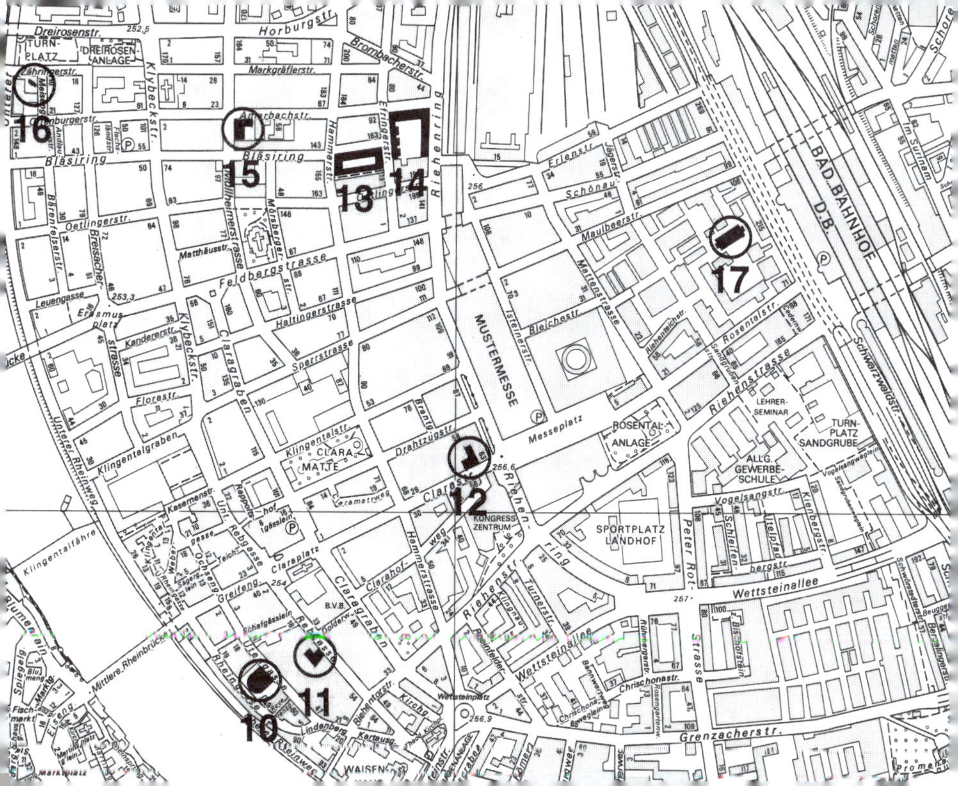

Dreirosenstr.
Horburgstr.
TURNPLATZ
DREIROSEN-ANLAGE
Brombacherstr.
Markgräflerstr.
Klybeckstr.
Efringerstr.
Bläsiring
Riehenring
Erlenstr.
Jägerstr.
Schönaustr.
Maulbeerstr.
Oetlingerstr.
Bärenfelserstr.
Breisacherstr.
Matthäusstr.
Feldbergstrasse
Haltingerstrasse
Leuengasse
Erasmusplatz
Kandererstr.
Sperrstrasse
Florastr.
Claragraben
Klingentalgraben
Klingentalstr.
CLARA MATTE
Drahtzugstr.
Clarastr.
MUSTERMESSE
Isteinerstr.
Bleichestr.
Mattenstrasse
Messeplatz
ROSENTAL-ANLAGE
Rosentalstr.
Riehenstrasse
LEHRER-SEMINAR
TURNPLATZ SANDGRUBE
ALLG. GEWERBE-SCHULE
Vogelsangstr.
Schwarzwaldstr.
BAD. BAHNHOF D.B.
KONGRESS ZENTRUM
SPORTPLATZ LANDHOF
Peter Rot-Strasse
Wettsteinallee
Unterer Rheinweg
Klingentalfähre
Kasernenstr.
Rebgasse
Claraplatz
Hammerstrasse
Greifeng.
Mittlere Rheinbrücke
Rheingasse
Utengasse
Riehentorstr.
Wettsteinplatz
Grenzacherstr.
Chrischonastr.
Turnerstr.
Lindenberg
Kartausg.
WAISEN
Fischmarkt
Blumenrain
Spiegelg.
Marktplatz
10
11
12
13
14
15
16
17

KLEINBASEL B

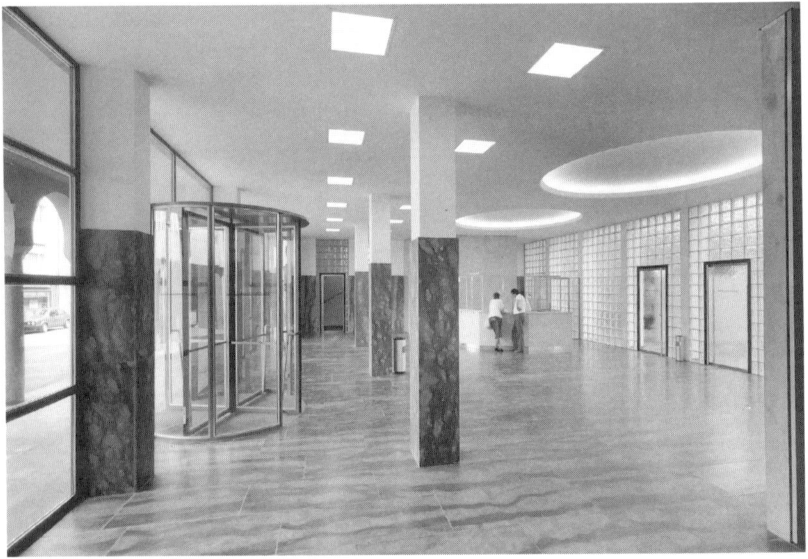

UMBAU ARBEITSAMT
UTENGASSE 36
FIERZ & BAADER / 1981 - 85

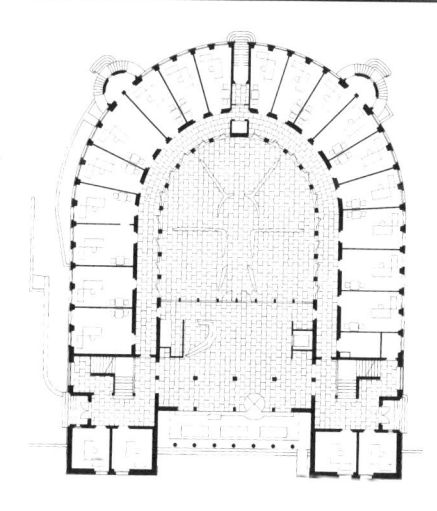

Das 1932 von Hemann erbaute Arbeitsamt lässt nicht leugnen, dass es das Dessauer Arbeitsamt von Walter Gropius als Vorbild hatte. Nicht nur Details lassen dies erkennen, sondern auch die städtebaulich unbekümmerte Plazierung des grossen Baues inmitten der kleinmassstäblichen Altstadt Kleinbasels.

1981-85 wurde das Innere des Amtshauses den heutigen Verhältnissen angepasst, wobei die ursprüngliche Bauidee gewahrt blieb. Der zentrale Oblichtsaal wurde als öffentliche Wartezone eingerichtet.

Mit sorgfältig ausgewählten Materialien und subtilen Eingriffen wurde eine angenehme Atmosphäre geschaffen und ein bemerkenswertes Gebäude aufgewertet.

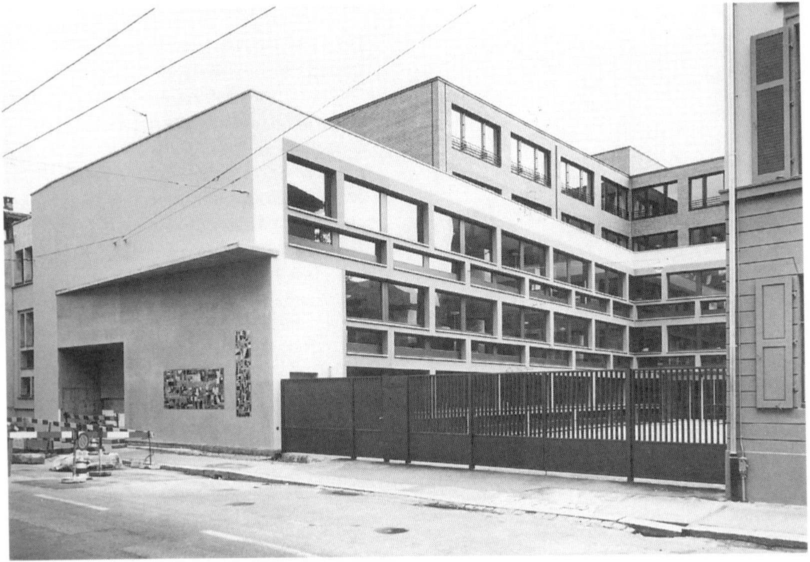

VERWALTUNGSGEBÄUDE
REBGASSE 34
DIENER & DIENER / 1989 - 90

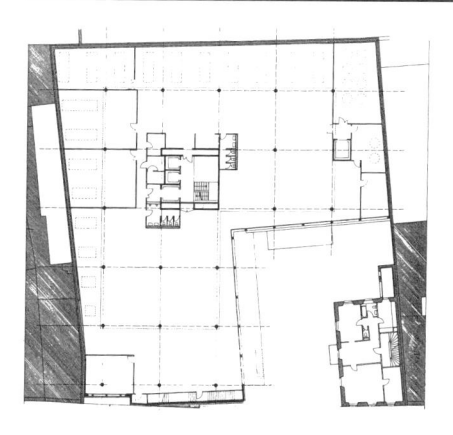

11

Auf drei Seiten von hohen Brandmauern umschlossen, bildet die Parzelle ein schiefes Viereck, auf dem drei Quadranten durch das L-förmige Verwaltungsgebäude belegt sind. Der vierte Quadrant bildet einen Hof, in welchem ein klassizistisches Stadthaus steht.

In der schiefwinkligen Parzelle richtet sich ein rechtwinkliges Stützenraster nach der Strasse. Durch das Zurücksetzen des oberen Baukörpers wird Platz für Oberlichter zur Beleuchtung der Mustersäle geschaffen. Die einfach gestalteten Grossraumbüros und das in rohem Beton gehaltene Treppenhaus bilden die funktionale Grundlage des Betriebes.

Die versetzt angeordneten Fassadenelemente bilden einen Gegensatz zur ordnenden Geometrie der Tragstruktur. Die unterschiedlich gewählten Materialien unterstützen die Vielschichtigkeit der Fassade.

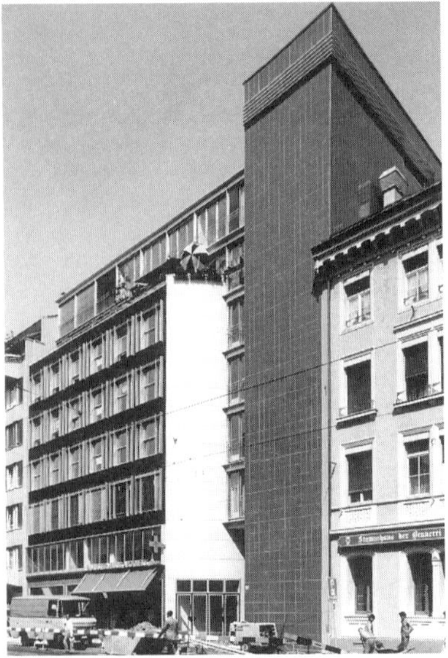

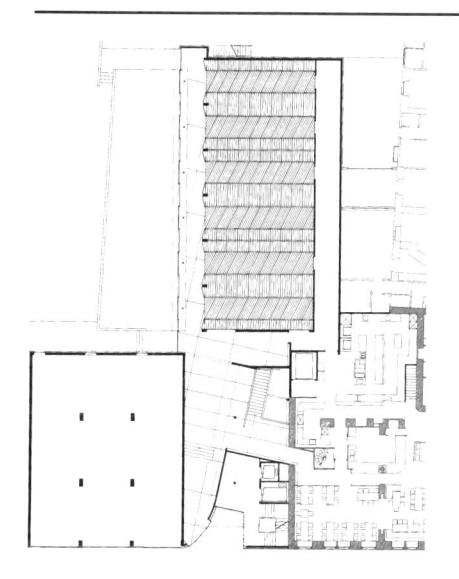

WOHN- UND GESCHÄFTSHAUS MIT SAAL
CLARASTRASSE 57
DIENER & DIENER / 1983

12

Der Neubau beherbergt zwei Läden, Büros, Wohnungen und den grossen Saal des benachbarten Stammlokals einer Basler Brauerei. Der Saal nimmt einen Grossteil des hinteren Hofes ein und öffnet sich zu diesem hin.

Die Strassenfassade ist zweischichtig aufgebaut und schliesst in einem dominanten Turm, der die innere Erschliessung enthält, ab.

Die vordere Ebene zeigt sich als murales Element mit eingeschnittenen Fensteröffnungen und einer glänzenden Fassadenoberfläche. Die zurückversetzte zweite Ebene ist ganz aufgelöst und vollflächig verglast.

Der geschlossene Turm, der bezugslos an das Nachbargebäude anschliesst, bildet zusammen mit dem Baukörper der vorderen Fassadenebene den Eingang zum Saal.

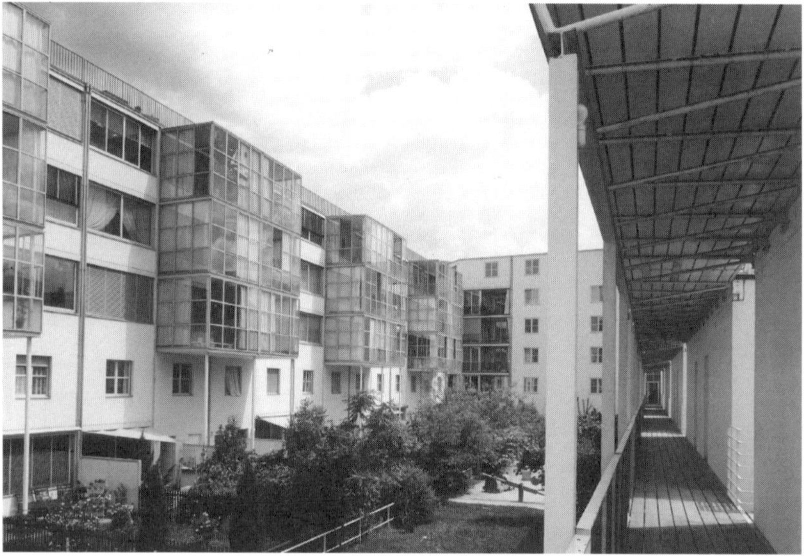

WOHNBEBAUUNG HAMMER 1
HAMMERSTRASSE, BLÄSIRING, EFRINGERSTRASSE
DIENER & DIENER / 1978 - 81

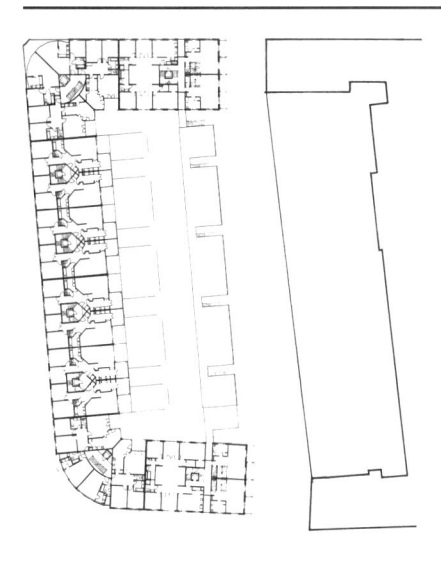

13

In Analogie zur traditionellen Blockrandbebauung des späten 19. Jahrhunderts, mit dem Wohnhaus an der Strasse und dem Gewerbe im Hof, begrenzt eine Zeile von Atelierbauten den neuen Wohnhof.

Wie ein "architektonischer Schnitt" durch ein städtisches Wohnquartier führt eine öffentliche Allee mitten durch das Geviert.

Die Ecken der Wohnzeilen sind als markante Zeichen ausgebildet; hier liegen die Wohnungen für Alleinstehende und Rentner. Die anderen Wohnungen sind für Familien und Wohngemeinschaften gedacht.

Die Beziehung der Wohnungen zum Aussenraum sind strassen- und hofseitig verschieden: An der langen Strassenflucht im Norden geschlossen, öffnen sich die Hoffassaden mit grossen Fenstern und verglasten Veranden südlich zum Hof.

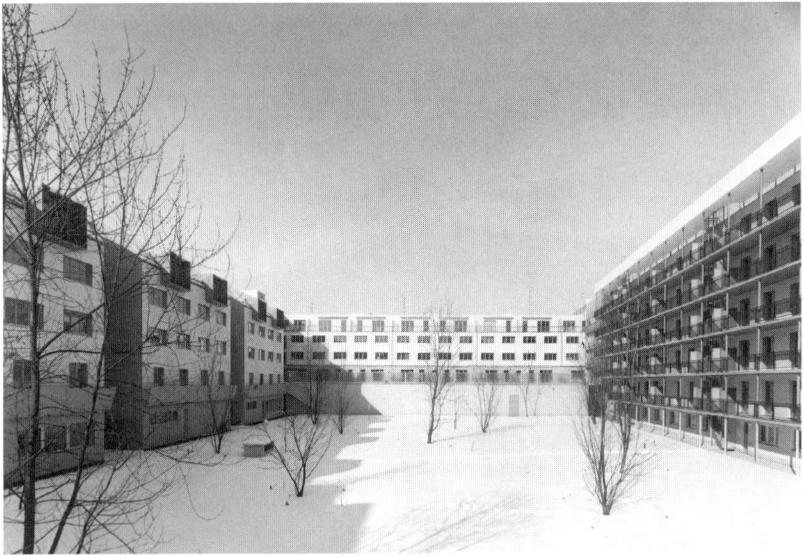

WOHNBEBAUUNG HAMMER 2
RIEHENRING, AMMERBACHSTRASSE, EFRINGERSTRASSE
DIENER & DIENER / 1980 - 85

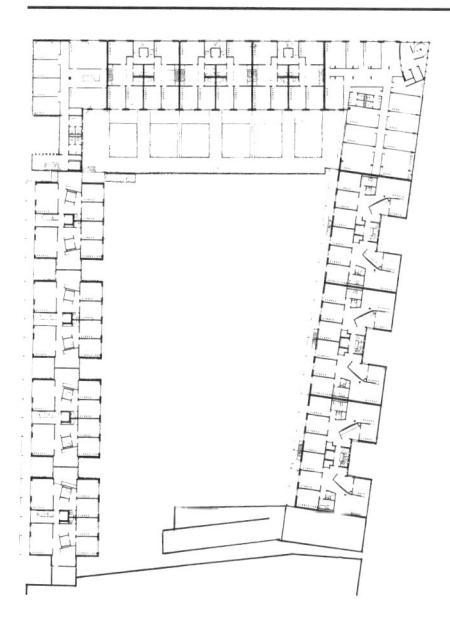

Städtebaulich fügen sich die Gebäude als Blockrandbebauung in das Industrie- und Wohnquartier Matthäus ein.

Die Wohnungen sind an den drei Strassen verschieden ausgebildet, und zu Reihen von drei oder vier Häusern zusammengefasst. Die Bürobauten sind in die Ecken gesetzt, in der Mitte liegt der öffentliche Hof. Ein Sonnendeck, ein Ballspielfeld und eine Art Freiluftkino ergänzen das Angebot an städtischen Freiräumen.

Die verschiedenen Wohnungstypen sind nicht mehr einem festen Gebäudevolumen eingeschrieben (Hammer 1), sondern generieren eigenständige Gebäudeformen. Zimmer gleicher Grösse reihen sich wie die Glieder einer Kette um den Innenhof. Strassenseitig hingegen sind die Wohnräume in den drei Wohntypen unterschiedlich ausgebildet.

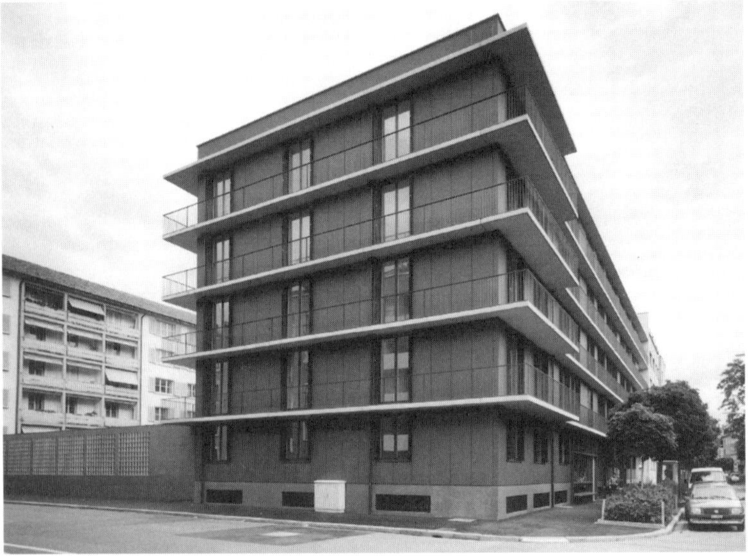

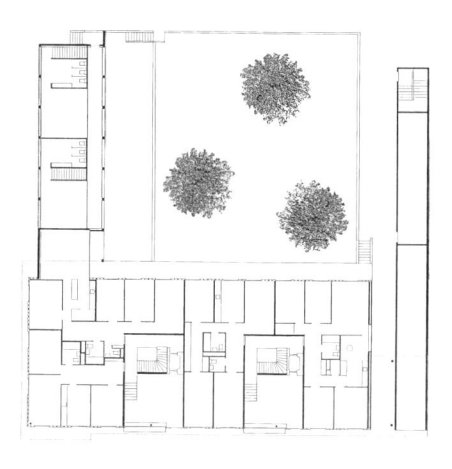

KOMMUNALES WOHNHAUS
MÜLLHEIMERSTRASSE 138 - 140
MORGER & DEGELO / 1990 - 93

15

Das Wohnhaus verhält sich als Vermittler zwischen zwei grundsätzlich verschiedenen urbanen Auffassungen. Einerseits wird die offene Bebauung ergänzt, andererseits wird die fragmentarisch vorhandene Blockrandbebauung weitergeführt.

Grosszügige Eingangshallen und innenliegende, natürlich belichtete Treppenhäuser erschliessen die Wohneinheiten. Die Zimmer, die sich ringförmig um innere Kernzonen reihen, bilden verschieden grosse, leicht variierte flexible Wohnungen.

Mittels eines Betonskeletts mit umlaufenden Balkonen und dazwischen eingesetzten Fenster- und Wandelementen aus Holz, wurde eine einfache, ökonomische Konstruktion gewählt.

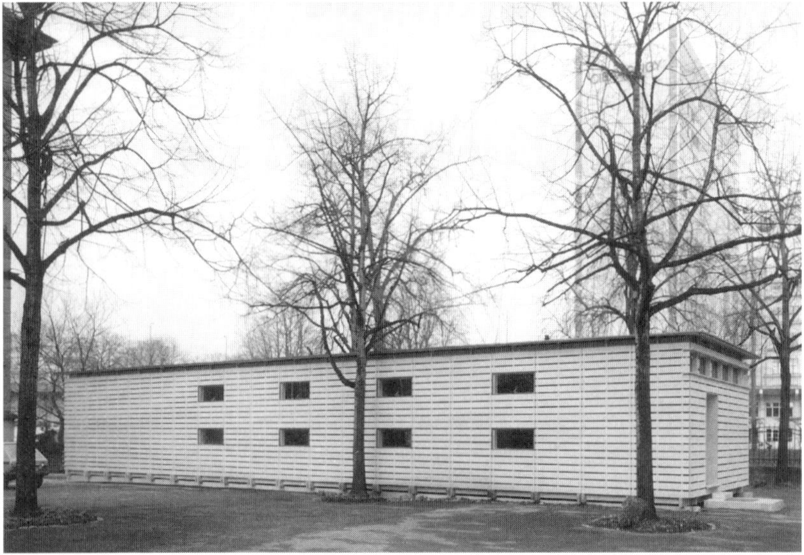

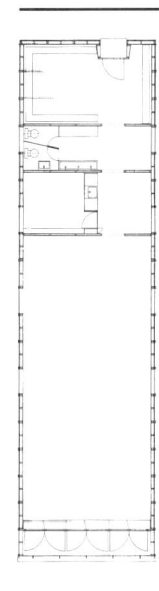

KINDERGARTEN
ZÄHRINGERSTRASSE
MORGER, DEGELO & PRETRE / 1990

16

Der dringende Bedarf nach Kindergärten gab den Anstoss zu diesem Gebäude, welches günstig, demontierbar und zweckdienlich sein sollte.

Der Pavillon steht - einer Insel gleich - ungerichtet inmitten der Bäume des Pausenhofes. Durch die natürliche Einbindung wird die Natur und ein daraus entstehendes Produkt versinnbildlicht:

Der Baum, das roh geschnittene Holz, das verarbeitete und veredelte Holzteil.

Die modularen und einfachst aufgebauten Wandteile bestehen aus feinen Holzstützen, die innen mit tragenden Sperrholzplatten verkleidet und aussen durch rohe Holzbretter geschützt sind.

Die klare Einfachheit der Gestaltung soll dem Kind eine vorbehaltslose Entwicklung ermöglichen; nichts wird bestimmt oder vorgegeben. Die Phantasie des Kindes ist gefordert.

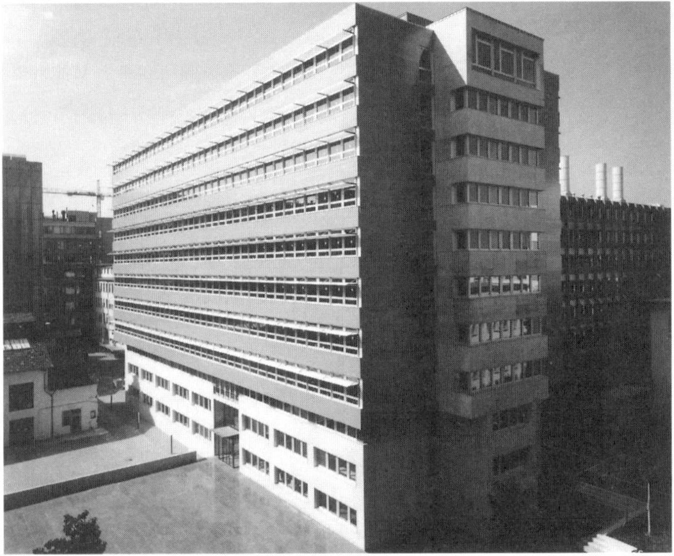

BÜROGEBÄUDE
SCHWARZWALDALLEE, CIBA-GEBÄUDE 1008
BURCKHARDT + PARTNER AG / 1991

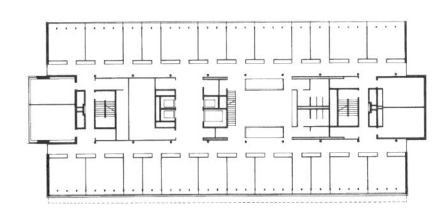

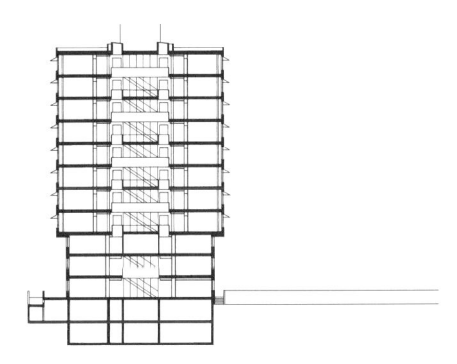

17

Das neu erstellte Gebäude ergänzt die U-förmige Überbauung mit den Verwaltungsgebäuden der CIBA.

Über dem dreigeschossigen, muralen Sockelbereich aus Sichtbeton sind acht auskragende, horizontal betonte, metallverkleidete Bürogeschosse angeordnet. Diese weisen eine dreibündige Struktur mit aussenliegenden Büros und einer innenliegenden Infrastrukturzone auf. In ihr befinden sich zweigeschossige, hallenartige Kommunikationszonen, welche durch vertikale Lichtschlitze mit Tageslicht erhellt werden.

Die so entstehende Transparenz macht das Gebäude in seiner räumlichen Dimension für den Benutzer begreifbar und es entsteht eine angenehme Masstäblichkeit des ganzen Volumens.

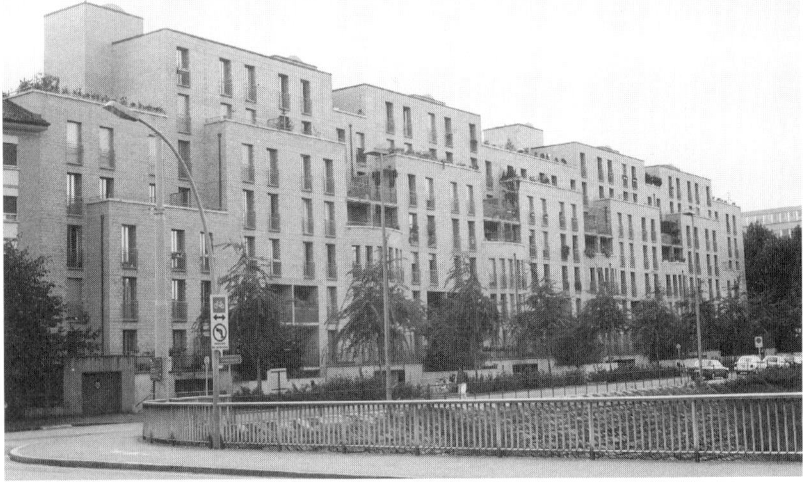

WOHNSIEDLUNG WIESENGARTEN
WIESENDAMM, ALTRHEINWEG, GIESSLIWEG
W. & K. STEIB mit BUSER & ZAESLIN / 1983 - 86

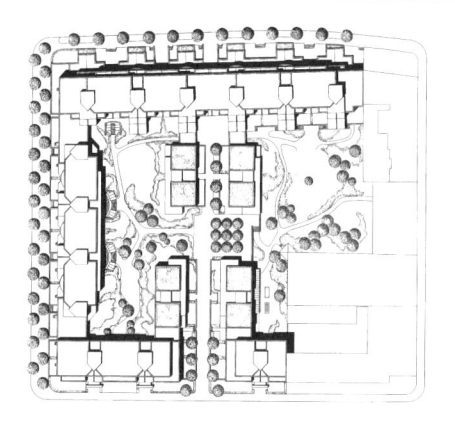

18

Die städtebauliche Typologie des Quartiers, Blockrandbebauung mit Innenhöfen, wurde aufgenommen und gemäss den heutigen Bedürfnissen weiterentwickelt.

Mitten durch die Wohnsiedlung führt ein Fussgängerweg, der sich zu einem baumbestandenen Platz als Zentrum ausweitet.

Alle Wohnungen haben einen direkten Zugang zu den Hofgärten oder verfügen über grosse Wohnbalkone oder Dachterrassen.

19 MUSEUM FÜR GEGENWARTSKUNST / W. & K. STEIB / 1980
St. Alban-Rheinweg 60, Tram 3 St. Alban-Tor

20 WERKSTÄTTEN UND ATELIERS / MICHAEL ALDER / 1986 - 87
St. Alban-Tal 40a, Tram 3 St. Alban-Tor

21 UMBAU INDUSTRIEGEBÄUDE / MICHAEL ALDER / 1986 - 87
St. Alban-Tal 42, Tram 3 St. Alban-Tor

22 WOHNHÄUSER MIT ATELIERS / DIENER & DIENER / 1982 - 86
St. Alban-Rheinweg 94, Tram 3 St. Alban-Tor

23 HAUS DER SCHWEISSTECHNIK / BÜRGIN NISSEN WENZLAFF / 1992 - 93
St. Alban-Rheinweg 222, Tram 3 Breite

Grenzacherstr.
SOLITUDE
Promenade
Solitude
Alemannengasse
Schaffhauserrheinweg
KINDER
SPITAL
Schwarzwaldbrücke
Eisenbahnbrücke
St. Alban-Fähre
St. Alban-Rheinweg
Zürcherstr.
Weidengasse
Lehenmattstr.
ST. ALBAN-TOR
Gellertstrasse
Lindenweg
Grellingerstr.
Gellertpark
Hirzbodenpark
Magnolienpark
Birsfelderstr.
Mühlegraben
Beim Letziturm
In den Klosterreben
Eptingerstr.
Waldenburgerstr.
Schauenburgerstr.
Ramsteinerstr.
Froburgstr.
Homburgerstr.
Farnsburgerstr.
Liestalerstr.
Wildensteinerstr.
Bechburgerstr.
St. Alban-Talstr.
St. Alban-Berg
19
20
21
22
23

ST. ALBAN C

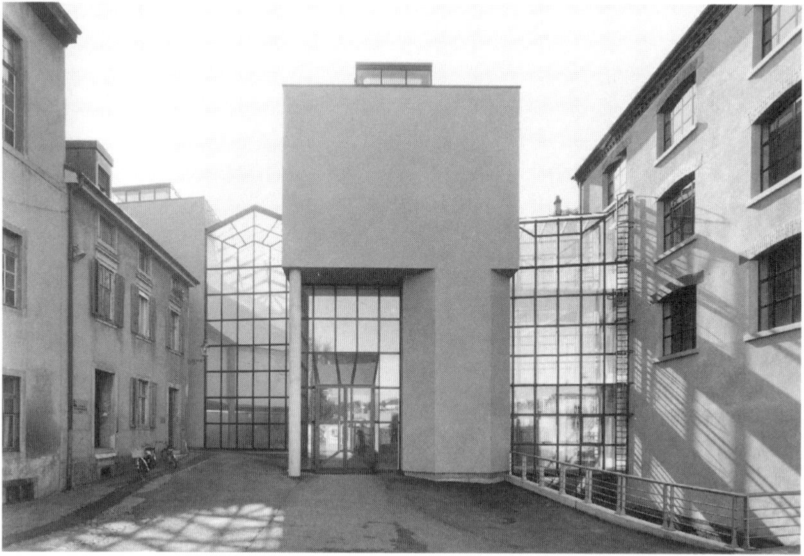

MUSEUM FÜR GEGENWARTSKUNST
ST. ALBAN-RHEINWEG 60
WILFRID & KATHARINA STEIB / 1980

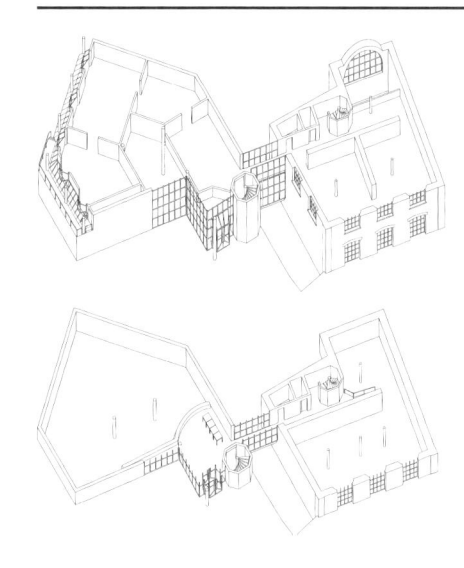

Auf der Suche nach Ausstellungsräumlichkeiten für eine Sammlung von Minimal und Concept Art stiess man in der ehemaligen Stöcklin'schen Papierfabrik im St. Alban-Tal auf einen geeigneten Ort.

Von allen Seiten gewährt das Museum grosszügig Einblick und wirkt daher einladend. Zugunsten der Ausstellungsfläche werden Foyer, Halle und Nebenräume aufs Notwendigste reduziert, auch die peripheren Treppen wirken sehr bescheiden. Dem Besucher wird bei seinem Rundgang kein Weg vorgeschrieben.

Die Gestaltung der Innenräume ist sehr einfach und zurückhaltend. Alles, was vom ausgestellten Objekt ablenken könnte, wird vermieden. Durch geschickte Führung des Tageslichtes erhalten fast alle Räume natürliche Beleuchtung.

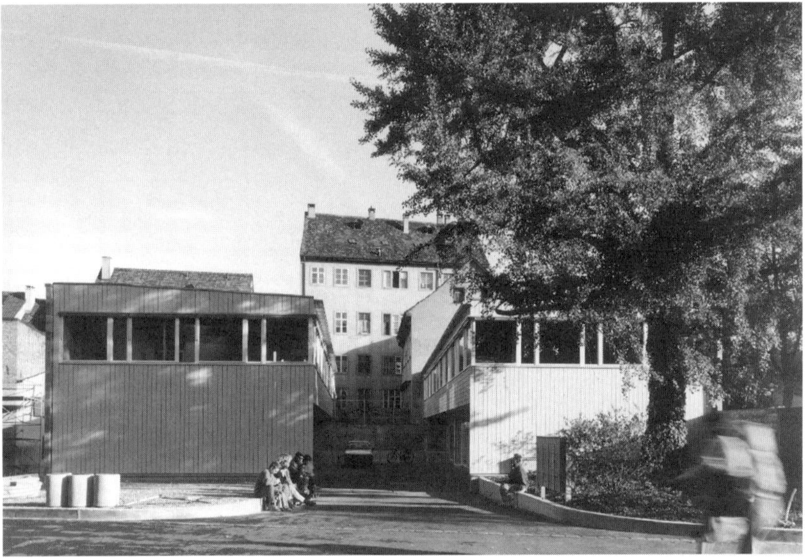

WERKSTÄTTEN UND ATELIERS
ST. ALBAN-TAL 40A
MICHAEL ALDER / 1986 - 87

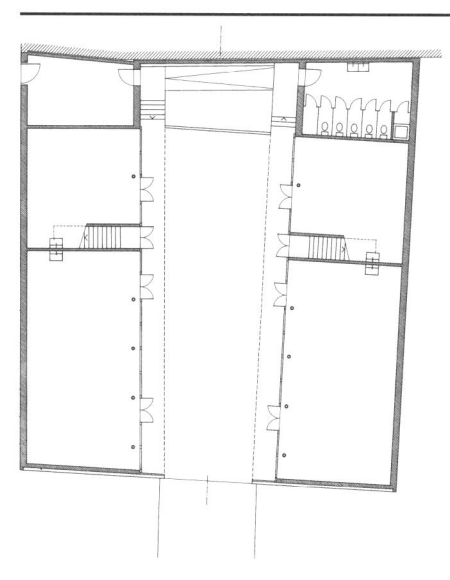

20

Um dem grossen Bedürfnis nach Atelierräumen im St. Alban-Tal Folge leisten zu können, wurde ein zweiflügliger Atelierbau erstellt. Die zwei beinahe parallelen Trakte, welche Werkstätten im Erdgeschoss und Ateliers im Obergeschoss enthalten, bilden einen Werkhof.

Die Ateliers, welche im Austausch an ausländische Künstler vergeben werden, sind hell und grosszügig konzipiert. Die holzverschalte, leichte Bauweise des Gebäudes lehnt sich an die Typologie der Industriebauten des 19. Jahrhunderts an, von denen im St. Alban-Tal noch einige erhalten sind.

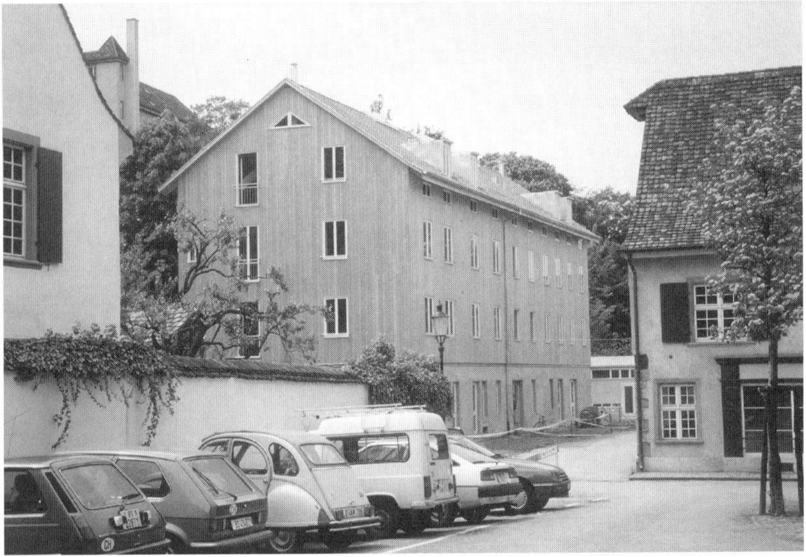

UMBAU INDUSTRIEGEBÄUDE
ST. ALBAN-TAL 42
MICHAEL ALDER / 1986 - 87

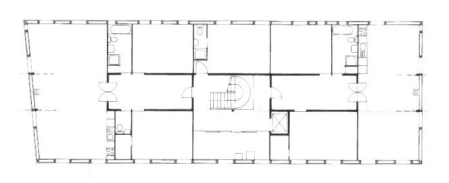

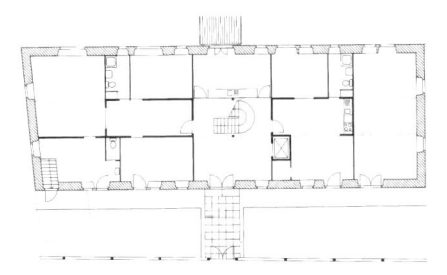

Das ursprüngliche Gebäude wurde Mitte des 19. Jahrhunderts als Nutzbau der Papierindustrie erstellt. Auf einem eingeschossigen Bruchsteinsockel steht ein holzverschalter Riegelbau. Diese Typologie wurde beim Umbau beibehalten und die ursprüngliche, äussere Erscheinung wieder erstellt. Das Innere hingegen wurde zu Wohnzwecken neu geordnet, sodass Etagenwohnungen und Maisonetten entstanden.

Die Ausdrucksweise des neu gestalteten Gebäudes soll eine architektonische Grundhaltung signalisieren; das Holz wird mit der Zeit ergrauen. Somit bleibt der Bau weiterhin Bestandteil eines Ensembles von Industriebauten des 19. Jahrhunderts im St. Alban-Tal.

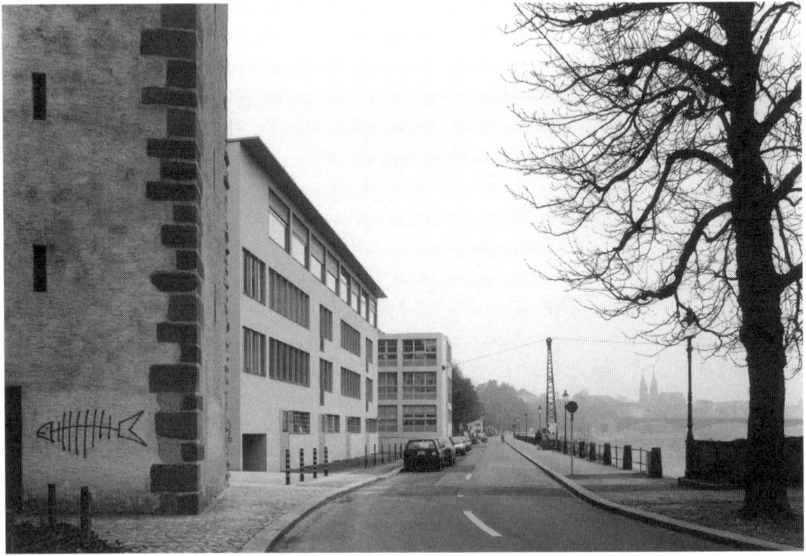

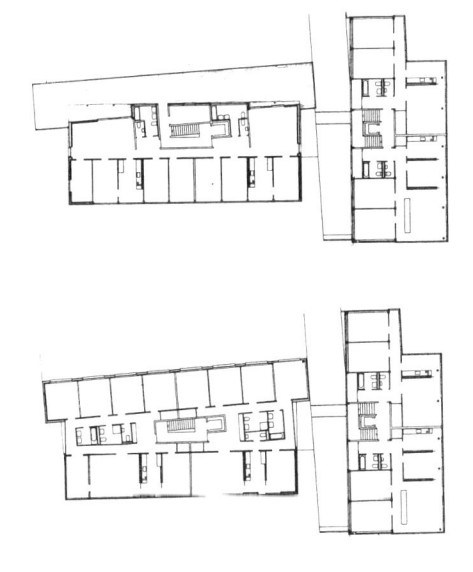

WOHNHÄUSER MIT ATELIERS
ST. ALBAN-RHEINWEG 94
DIENER & DIENER / 1982 - 86

22

Die einfachen, gerichteten Baukörper schaffen durch ihre Lage und durch die Art ihrer Schichtung differenzierte räumliche Bezüge zu ihrer vielgestaltigen Umgebung:

Das westliche Gebäude schliesst den Sternenplatz räumlich ab und führt in das Quartier hinein. Es bezeichnet den Verlauf des St. Alban-Teichs.

Das östliche Gebäude, gegenüber des Eckturms der Letzimauer leicht zurückgesetzt, bildet eine Front zum Rhein. Der rückwärtige Trakt ist leicht gegen die Letzimauer geneigt und begrenzt zum Quartier hin einen Hof.

Die Baustruktur und Ausbildung der Volumen erinnern an die das St. Alban-Tal charakterisierenden Industriebauten des 19. Jahrhunderts, sind aber in einer bewusst modernen Sprache umgesetzt.

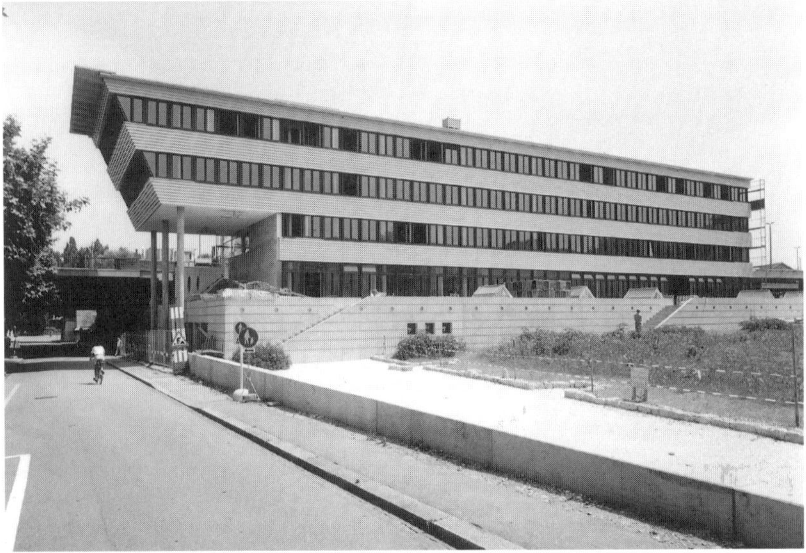

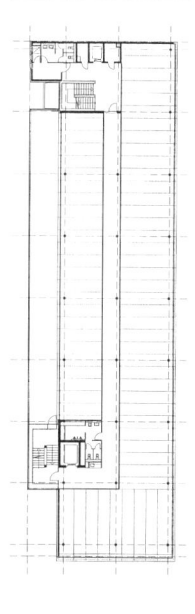

HAUS DER SCHWEISSTECHNIK
ST. ALBAN-RHEINWEG 222
BÜRGIN NISSEN WENTZLAFF / 1992 - 93

23

Der Bau entlang der Autobahn bildet zusammen mit dem geplanten Quartierzentrum einen Lärmriegel für die anschliessenden Bauten des Breitequartiers. Durch Vorlagerung einer Schallschutzfassade entsteht ein nach Osten orientierter Wintergarten, der somit die Funktionen des Schallschutzes und der erhöhten Wärmedämmung übernimmt.

Mit der Auskragung des Baukörpers im Norden wird ein architektonischer Abschluss und ein Bezug zum Rhein hergestellt.

Konstruktiv handelt es sich um einen Eisenbetonskelettbau mit Flachdecken, die Fassaden sind mit einer Eternitstülpschalung verkleidet und die Fenster in Holzmetallkonstruktion ausgeführt.

24 VERWALTUNGSGEBÄUDE / DIENER & DIENER / 1990 - 93
Picassoplatz, Tram 1, 3, 8, 10, 11, 14, 15 Aeschenplatz

25 UMBAU UND ERWEITERUNG BÜROHAUS / HERZOG & DE MEURON / 1991 - 93
St. Jakobstrasse 24, Tram 1, 3, 8, 10, 11, 14, 15 Aeschenplatz

26 BANKGEBÄUDE / MARIO BOTTA / BURCKHARDT + PARTNER AG / 1991 - 94
Aeschenplatz, Tram 1, 3, 8, 10, 11, 14, 15 Aeschenplatz

27 HOTEL METROPOL / DIENER & DIENER / 1978 - 81
Elisabethenanlage 5, Tram 1, 2, 8 Bahnhof

28 WOHN- UND GESCHÄFTSHAUS / FURRER & FASNACHT / 1992
Steinenvorstadt 62, Tram 6, 10, 16, 17 Heuwaage

29 VERWALTUNGSGEBÄUDE / DIENER & DIENER / 1984 - 90
Steinentorberg 12, Tram 6, 10, 16, 17 Heuwaage

30 AUSBILDUNGSZENTRUM / DIENER & DIENER / 1989 - 93
Viaduktstrasse, Tram 1, 2, 8, 16 Markthalle

31 VERWALTUNGSGEBÄUDE / ALIOTH REMUND GAIBA / 1986 - 90
Höhenweg 6, Tram 2, 16 IWB

32 BÜROHAUS / DIENER & DIENER / 1986 - 89
Hochstrasse 31, Tram 15, 16 Tellplatz

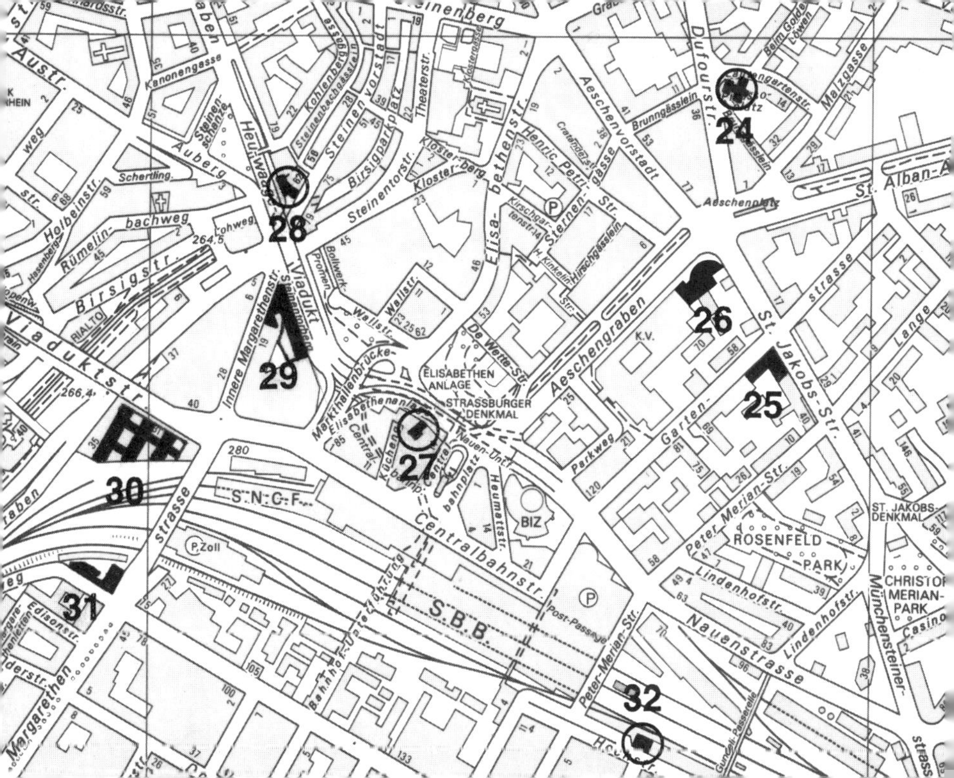
Steinenberg
Kanonengasse
Kohlenberggasse
Steinenbachgässlein
Steinenvorstadt
Theaterstr.
Klostergasse
Birsigparkplatz
Aeschenvorstadt
Dufourstr.
Malzgasse
Brunngässlein
Beim Goldenen Löwen
24
Austr.
Heuwaage
Steinenschanze
Auberg
Schertling.
Holbeinstr.
Rümelinbachweg
Lohweg
264.5
Birsigstr.
Hasenberg
RIALTO
28
Steinentorstr.
Kloster-berg
Elisabethenstr.
Henric Petri-Str.
Sternengasse
Kirschgartenstr.
H. Kinkelin-Str.
Hirschgässlein
Aeschenplatz
St. Alban-Anlage
Viadukt
Innere Margarethenstr.
Steinentorberg
29
Bollwerk-Promenade
Wallstr.
Markthallenbrücke
De Wette-Str.
ELISABETHEN ANLAGE
STRASSBURGER DENKMAL
Aeschengraben
26
K.V.
St. Jakobs-Str.
strasse
Lange
Viaduktstr.
266.4
30
25
Elisabethenanlage
Centralbahnplatz
Küchengässlein
27
Nauen-Unterführung
Centralbahnplatz
Heumattstr.
Parkweg
Gartenstr.
Peter Merian-Str.
ST. JAKOBS-DENKMAL
ROSENFELD PARK
CHRISTOPH MERIAN-PARK
Casino
Münchensteinerstr.
280
S.N.C.F.
strasse
P. Zoll
Centralbahnstr.
BIZ
P
Post-Passage
Lindenhofstr.
31
Edisonstr.
S.B.B.
Bahnhof-Unterführung
Peter-Merian-Str.
Nauenstrasse
Gundeli-Passerelle
32
Margarethen
strasse

BAHNHOF D

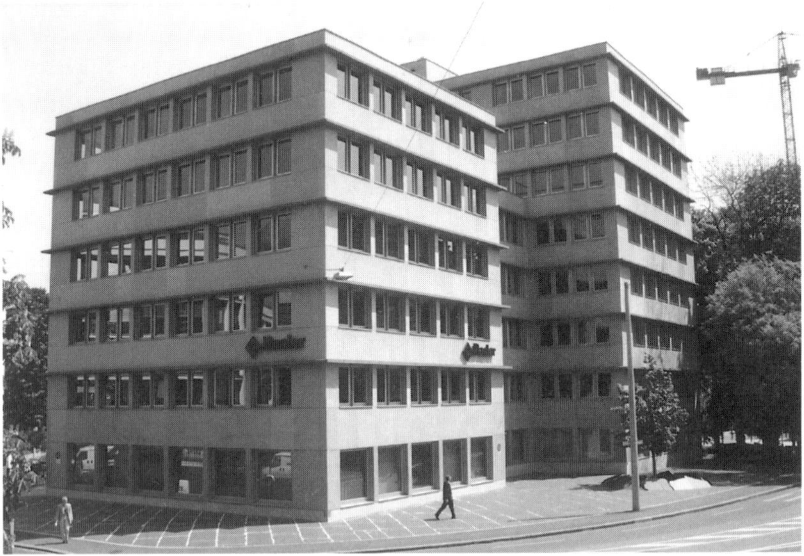

VERWALTUNGSGEBÄUDE PICASSOPLATZ
DIENER & DIENER / 1990 - 93

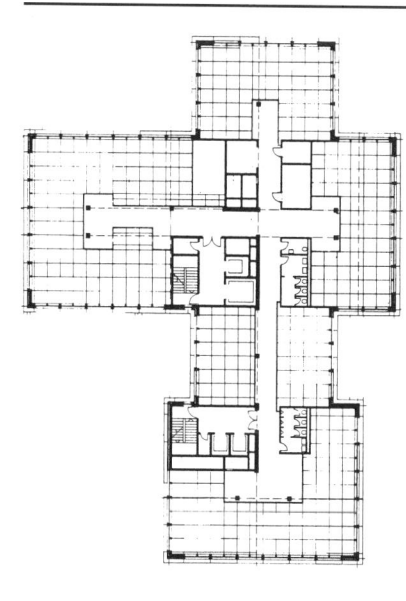

24

Das Gebäude, das sich in verschiedene Baukörper gliedert, die sich in die Tiefe entwickeln, bezieht sich auf die besondere städtebauliche Situation.

Die Dimension der Tiefe des Platzes, seine Bestimmung in einer weiteren, zurückgesetzten Ebene wurde zum Thema des Entwurfes.

Im Grundriss baut das Erschliessungsschema auf zwei sich kreuzenden Gängen auf, welche die Bürotrakte verbinden.

Die Fassaden werden einheitlich um alle Gebäudetrakte herumgeführt und treten somit als eine einzige verwobene Struktur in Erscheinung.

Die Materialien beschränken sich auf die drei Elemente Glas, farbloses Alu und grüner Kunststein.

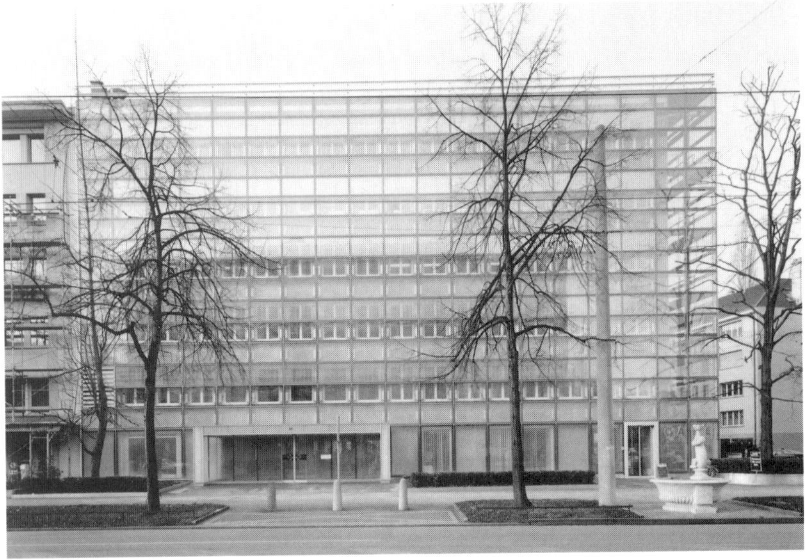

UMBAU UND ERWEITERUNG BÜROHAUS
ST. JAKOBSTRASSE 24
HERZOG & DE MEURON / 1991 - 93

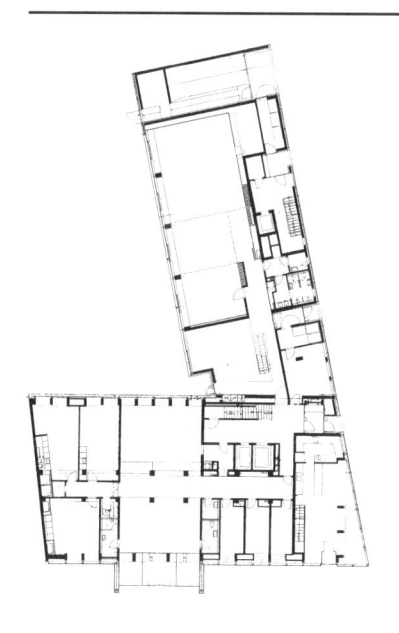

25

Die gläserne Hülle verbindet den alten und den neuen Gebäudeteil in einer spitzwinkligen Gebäudeecke, die dem Bau ein einheitliches, städtebauliches Gepräge verleiht.

Durch die Transparenz der Gläser zeigt sich das Gebäude als eine Zusammensetzung von zwei verschiedenen Baukörpern.

Die Glashülle ist eine Stahl-Glas-Fassade bestehend aus horizontalen Bändern mit Gläsern von unterschiedlichen Eigenschaften. Die transparente Scheibe im Sichtbereich der Büros kann individuell geöffnet werden und verstärkt den akustischen Schutz. Die mit Siebdruck versehenen Scheiben im Brüstungsbereich und die prismatischen Gläser im oberen Fensterbereich dienen der Verbesserung der Gebäudeisolation und dem Schutz vor Sonneneinstrahlung.

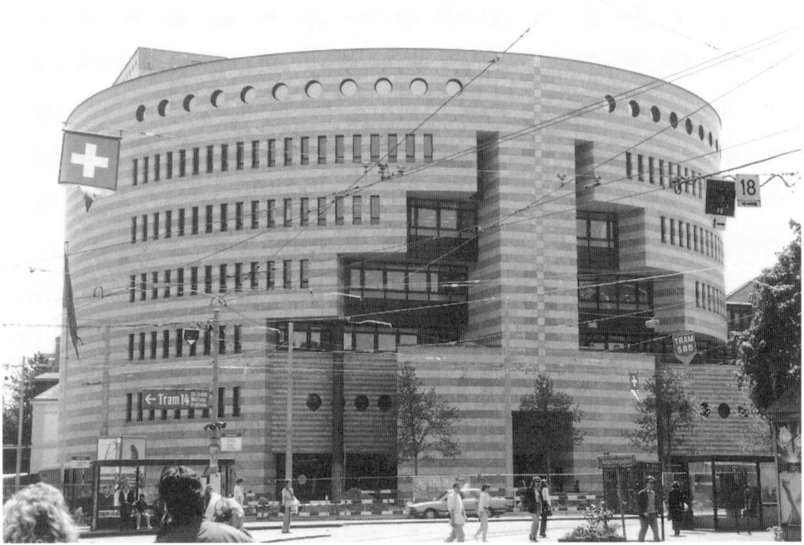
← Tram 14
TRAM
SBB
18

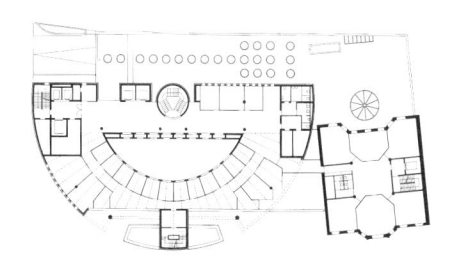

BANKGEBÄUDE AESCHENPLATZ
MARIO BOTTA / BURCKHARDT + PARTNER AG / 1991 - 94

26

Der Aeschenplatz ist ein wichtiger Verkehrsknotenpunkt.
Das Turmhaus einerseits und das Bankgebäude andererseits bilden markante Eckbauten zur ausfallenden St. Jakobstrasse.
Auf die Verschiedenartigkeit der urbanen Typologie des Aeschengrabens und der St. Jakobstrasse antwortet das Projekt mit einem autonomen Kopfbau.
Durch seine absolute Form bildet das Bankgebäude einen für die St. Jakobstrasse typischen Einzelbau und nimmt durch seine gebogene Fassade aber auch die Kontinuität des Aeschengrabens auf.
Die benachbarte Villa wurde in das Gesamtkonzept miteinbezogen, komplett ausgekernt und innen neu organisiert. Sie enthält Sitzungsräume und eine Cafeteria.

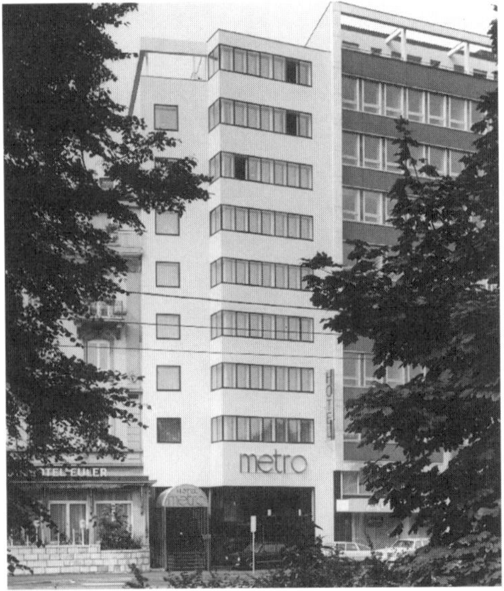
metro
EULER

HOTEL METROPOL
ELISABETHENANLAGE 5
DIENER & DIENER / 1978 - 81

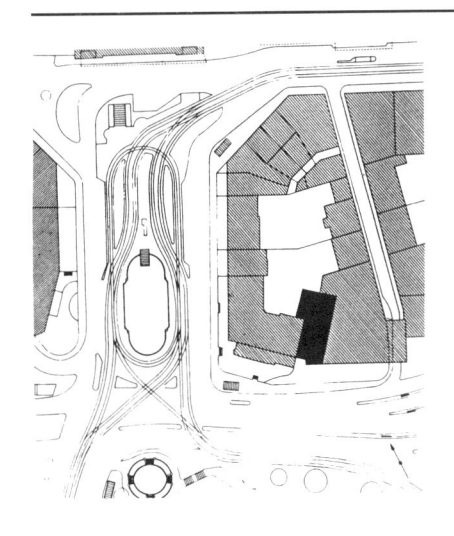

27

An dieser Stelle stossen die Bebauung des Bahnhofplatzes aus dem 19. Jahrhundert und die Neubebauung des Cityrings um 1960 aufeinander. Die städtebauliche Bruchstelle ist zum bestimmenden Thema des Projekts geworden.

Die verschiedenen Fluchten von Hotel Euler und Bürohaus sind im schmalen Baukörper des Neubaus aufgenommen. Über einem erhöhten Eingangsgeschoss mit Reception und Saal liegen die Obergeschosse mit jeweils sechs Zimmern, drei zu jeder Seite hin.

Die Öffnungen der Zimmer sind unterschiedlich ausgebildet: Die beiden nach vorne gerückten Zimmer sind mit durchgehenden Fensterbändern ausgestattet, die in der Flucht des Hotel Euler zurückliegenden Zimmer mit Lochfenstern.

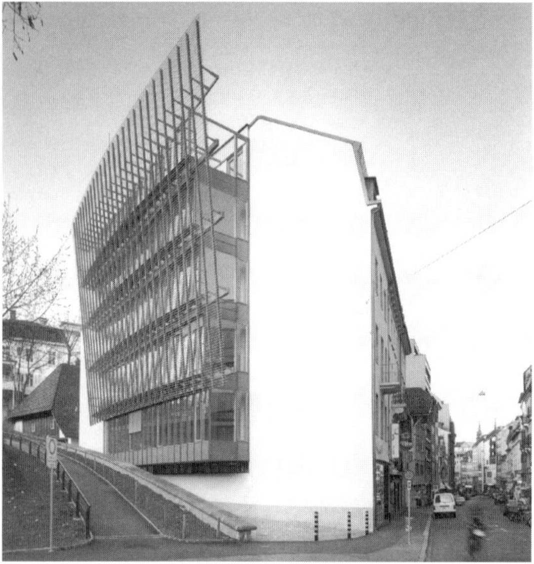

WOHN- UND GESCHÄFTSHAUS
STEINENVORSTADT 62
FURRER & FASNACHT / 1992

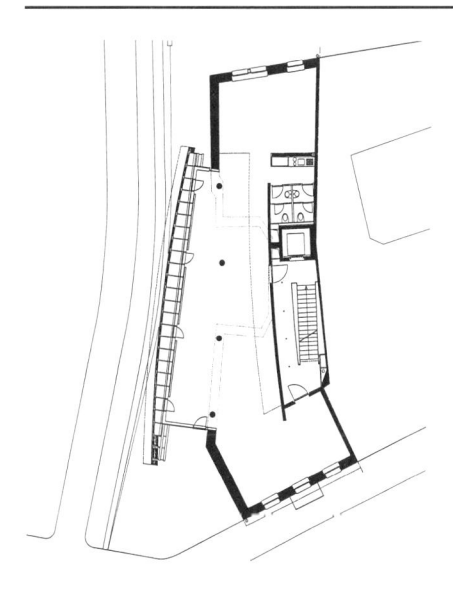

Der Abschluss der Innerstadt blieb bei der Steinenvorstadt auch nach dem Bau des Cityringes unvollendet und wird nun zeichenhaft abgeschlossen.

Das ehemals U-förmige Haus aus der Jahrhundertwende wurde aufgebrochen und zwischen den Brandmauern des Vorder- und des Hinterhauses ein verglaster Vorbau eingesetzt. Dieser vergrössert nicht nur die Nutzfläche, sondern setzt auch einen städtebaulichen Akzent.

Der im ersten Obergeschoss beginnende Vorbau, dessen Auskragung bis zum Dachgeschoss regelmässig zunimmt, ist mit einem Vorhang aus horizontalen Stahlrohren überspannt, welcher das Sonnenlicht stark reduziert und zugleich eine psychologische Abgrenzung zum stark befahrenen Heuwaageviadukt bildet. Die auskragenden Platten wurden in Stahlbeton mit vorgespannten Kabeln ausgeführt.

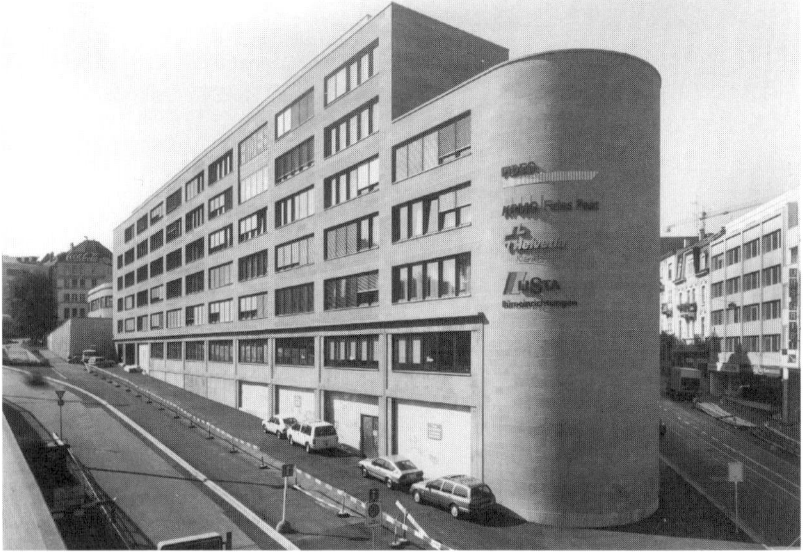

VERWALTUNGSGEBÄUDE
STEINENTORBERG 12
DIENER & DIENER / 1984 - 90

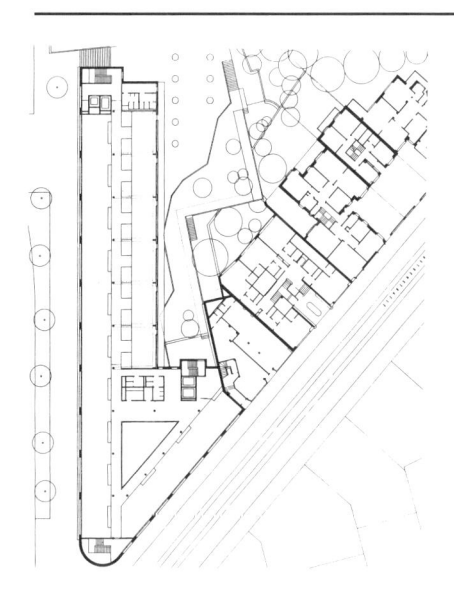

29

Innerhalb des Strassengevierts zwischen dem Bahnhof und dem Heuwaageviadukt, Teil des Cityringes, hatte nur die Markthalle als markantes Gebäude gegenüber den gewaltigen Verkehrsbauten die städtebaulichen Voraussetzungen erfüllt. Das neue Bürohaus führt die städtebauliche Vorgabe der Markthalle weiter und schliesst das Strassengeviert.

Die karge und repetitive Sprache der Markthalle wird übertragen in den Massstab des modularen Bürohauses, das Geviert ist somit als Ganzes erkennbar. Aus Rücksicht auf die umliegenden Wohnhäuser wurde die Hoffassade zurückgestaffelt. Die Gebäudestruktur aus Eisenbeton ist ein System von Pfeilern und Decken. Der Sockel ist mit rötlich eingefärbtem Beton verblendet, darüber ist eine äussere Schale mit grossformatigen, grünen Kunststeinen aufgemauert.

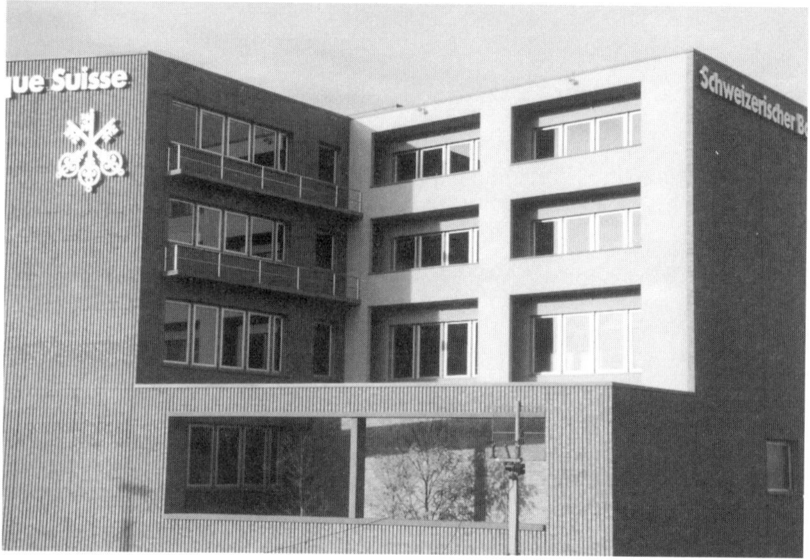
que Suisse
Schweizerischer B

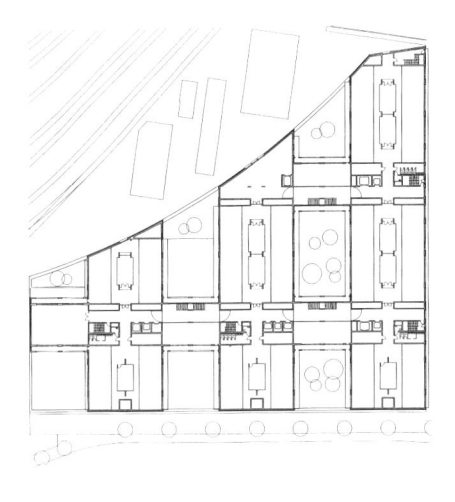

AUSBILDUNGSZENTRUM VIADUKTSTRASSE
DIENER & DIENER / 1989 - 93

Der Bau steht eingespannt zwischen Viaduktstrasse, den Geleisen der Eisenbahn und dem Birsigtal.

Auf einem Sockelgeschoss ist eine Folge von Gebäuden und Höfen angeordnet. Die einzelnen Gebäudetrakte orientieren sich zu den Höfen; zur Strasse und zu den Geleisen sind sie geschlossen.

Die Erschliessung des Gebäudes folgt der klaren Organisation der ganzen Anlage; ein orthogonales Netz von inneren Wegen verbindet die nutzungsneutralen Raumteile.

Der braunrote Klinkerstein, mit welchem das Gebäude verkleidet ist, verweist auf die traditionelle Bauweise der englischen Schulbauten; nur die Quertrakte sind verputzt.

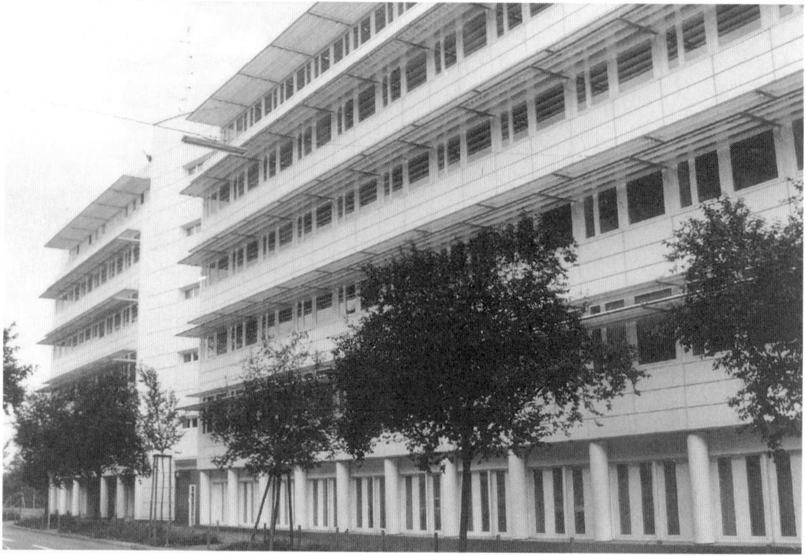

VERWALTUNGSGEBÄUDE
HÖHENWEG 6
ALIOTH REMUND GAIBA / 1986 - 90

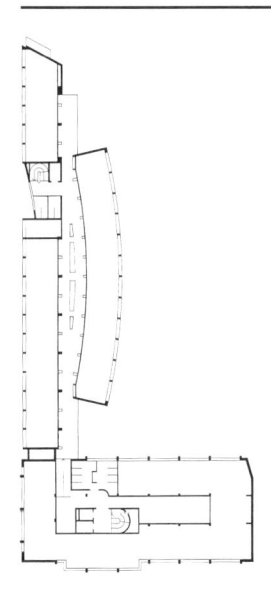

31

Der aus einem Wettbewerb hervorgegangene Neubau schliesst quer an das bestehende Bürogebäude an; er unterscheidet sich klar in Farbe und Materialisierung vom Altbau: Die weissen Fassadenelemente aus Aluminium stehen in hartem Kontrast zu den schiefergrauen Keramikplatten.

Der nördliche Trakt der zweibündigen Anlage übernimmt mit seiner geschwungenen Form die Kurven der Bahngeleise. Dadurch entsteht eine ausgeweitete Gangzone, die durch Lichtschlitze natürlich belichtet wird.

Festmontierte Aussenlamellen aus Lochblech dienen als Lichtfilter und Sonnenschutz.

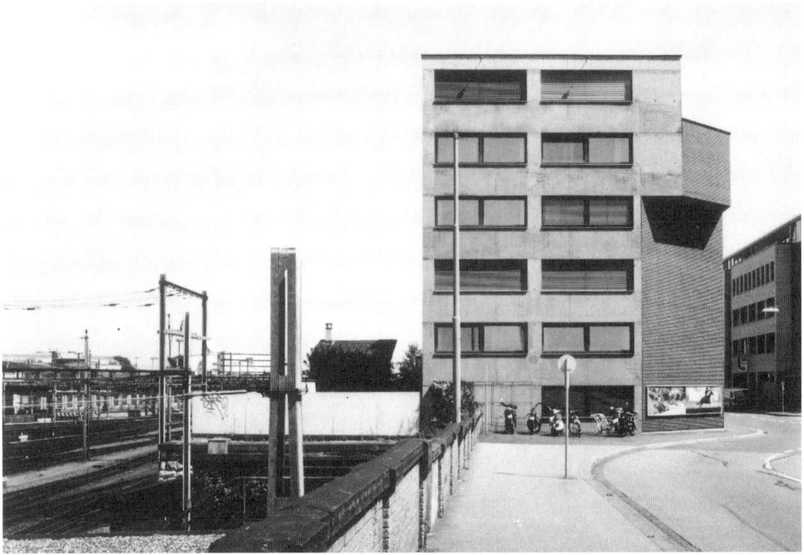

BÜROHAUS
HOCHSTRASSE 31
DIENER & DIENER / 1986 - 89

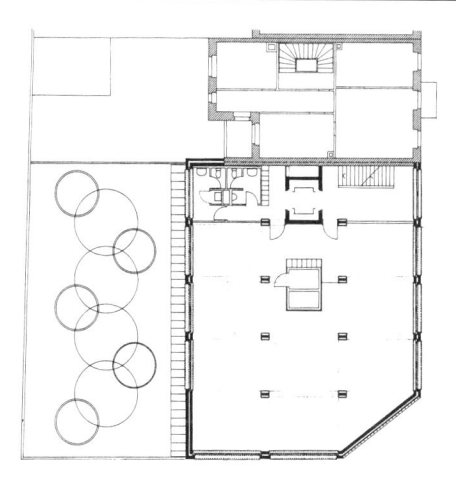

32

Das Bürohaus bildet den Kopf einer Häuserzeile entlang den Geleisen des Hauptbahnhofes.

Die Struktur besteht aus einem regelmässigen Betonskelett. Die gerichteten Stützen gliedern den Bau in fünf Abschnitte; im ersten befinden sich Erschliessung und Toiletten, die übrigen stehen als Büroraum zur Verfügung.

Die strenge Ausbildung der Fassaden betont das Volumen des übereck geschnittenen Kubus.

Die schwarzen Ziegelsteine der schrägen Wand und der dunkel gefärbte Beton, welcher die bronzenen Fensterrahmen einfasst, prägen dieses Gebäude.

In der grauen Atmosphäre des Bahnhofgebietes wirkt dieser Bau eher zurückhaltend, ohne aber die Stimmung von Russ und Staub zu vermitteln.

33 ALTERSHEIM LINDENHOF / BROGLI & MÜLLER / 1990
Socinstrasse 30, Tram 3 / Bus 33 Spalentor

34 LEHRWERKSTÄTTEN / FIERZ & BAADER / 1992 - 93
Missionsstrasse 47, Tram 3 Pilgerstrasse

35 WOHNHAUS MIT GEMEINDESAAL / URS GRAMELSBACHER / 1993 - 95
Missionsstrasse 37, Tram 3 Pilgerstrasse

36 WOHNHAUS / FIERZ & BAADER / 1992 - 93
Mittlere Strasse 36, Tram 3 Pilgerstrasse

37 WOHNHAUS MIT BANKFILIALE / DIENER & DIENER / 1982 - 85
Missionsstrasse 86, Tram 1, 3 Burgfelderplatz

38 ERWEITERUNG ANATOMISCHES INSTITUT / FIERZ & BAADER / 1993 - 95
Pestalozzistrasse 20, Tram 15 St. Johanns-Tor / Bus 36, 38 Metzerstrasse

39 VOGESENSCHULHAUS / DIENER & DIENER / 1994 - 95
St. Johanns-Ring / Spitalstrasse, Tram 15 St. Johanns-Tor

40 WOHN- UND GESCHÄFTSHAUS SCHWITTER / HERZOG & DE MEURON / 1985 - 88
Allschwilerstrasse 90, Tram 6 Allschwilerstrasse

41 WOHN- UND ATELIERHAUS / DIENER & DIENER / 1984 - 86
Allschwilerstrasse 106, Tram 6 / Bus 36, 38 Morgartenring

KANNENFELD-PARK
GARTEN-THEATER
Kannenfeldplatz
Burgfelderstr.
Lützelstr.
Hagentalerstr.
Häsingerstr.
Strassburgerallee
Kannenfeldstr.
Sommerg.
Winterg.
Am KraYenrain
Davidsrain
Davidsbodenstr.
Hebelplatz
Metzerstr.
Herbstg.
Johanns-Ring
St. Johanns-Vorstadt
TURN-PLATZ
Spitalstr.
Wilh.-His-Str.
Pestalozzistr.
Rheinländerstr.
Klingelbergstr.
Schanzenstr.
Hebelgasse
Mittlere Str.
AUGENSPITAL
Burgfelderplatz
KANTONS-SPITAL
Friedensg.
Maiengasse
HEBEL-SCHANZE
Hebelstr.
Habsburgerstr.
Kembserweg
Missionsstrasse
ADULLAM-KRANKENHAUS
Bernoullistr.
Petersplatz
Hegenheimerstr.
Rixheimerstr.
Sierenzerstr.
Bartenheimerstr.
Colmarerstr.
Pfeffelstr.
Türkheimerstr.
Spalenring
Nonnenweg
Pilgerstr.
Schönbeinstr.
Stöberstr.
Schlettstadterstr.
Rufacherstr.
Bündnerstr.
Oekolampadstr.
Schönenbuchstr.
Ahornstr.
Birmannsgasse
Spalengraben
Spalenvorstadt
Allschwilerplatz
Allschwilerstr.
Ring
33
34
35
36
37
38
39
40

SPALENTOR   E

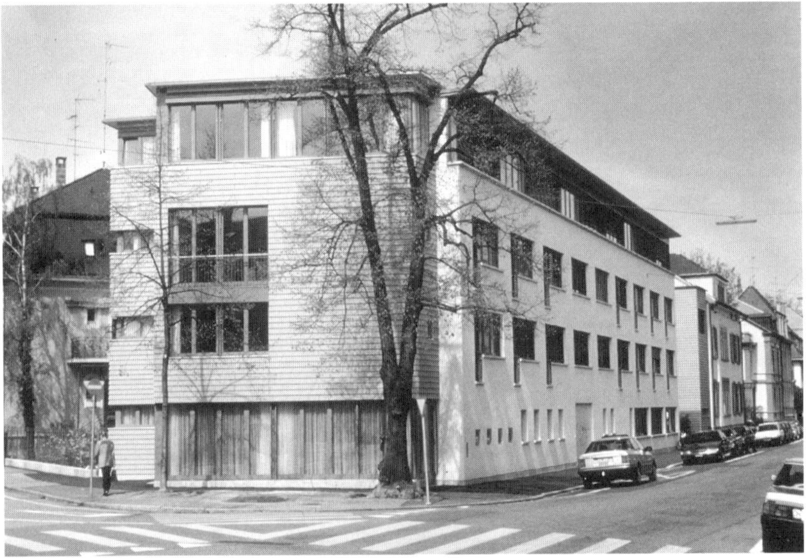

ALTERSHEIM LINDENHOF
SOCINSTRASSE 30
ESTHER BROGLI & DANIEL MÜLLER / 1990

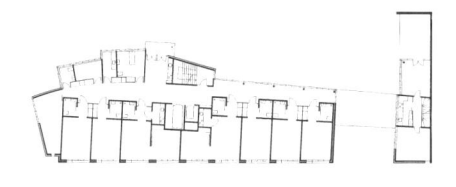

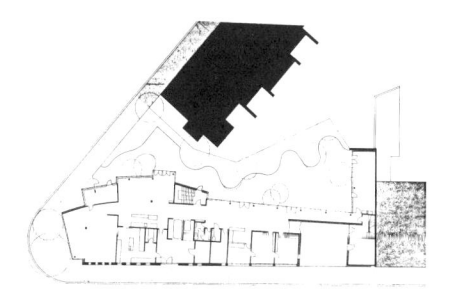

Der als Blockrand ausgeführte Neubau schliesst die reich begrünten Gärten von der Strasse ab und ordnet sich somit in die Typologie des Quartiers ein.
Die geschlossen gehaltene Strassenfassade, einer festen Schale gleich, schirmt das Haus vor Lärm und Einblicken ab, die Gartenseite hingegen gibt sich offener und weicher und wird mittels einer horizontalen Eternitschalung artikuliert.
Die Eingangshalle, die Aufenthaltsräume sowie alle Erschliessungswege wurden hell, geräumig und ausblicksreich gestaltet und sollten die Bewohner anregen, sich auch vermehrt ausserhalb ihres privaten Rückzugsortes aufzuhalten. Die Weganlage des Lindenhofs ist ausgewogen angelegt; sie führt durch und um das Haus und regt zu Spaziergängen auf kleinstem Raum an, welche wechselnde Ein-, Aus- und Ansichten bieten.

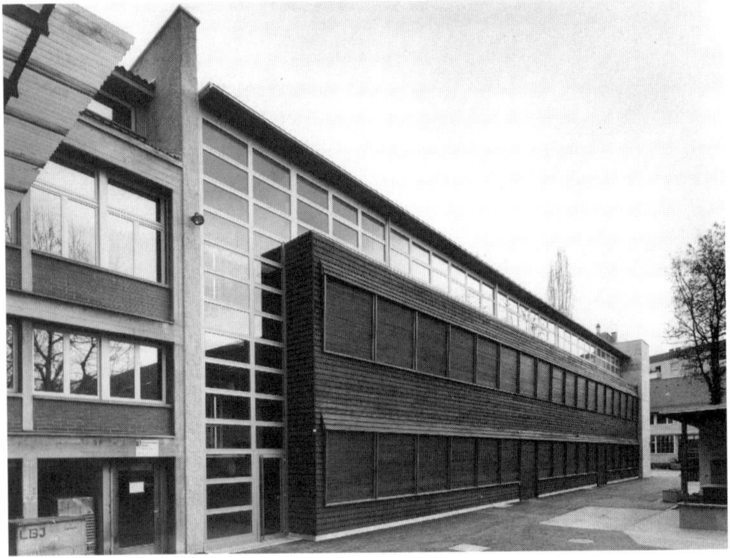
LBJ

LEHRWERKSTÄTTEN
MISSIONSSTRASSE 47
FIERZ & BAADER / 1992 - 93

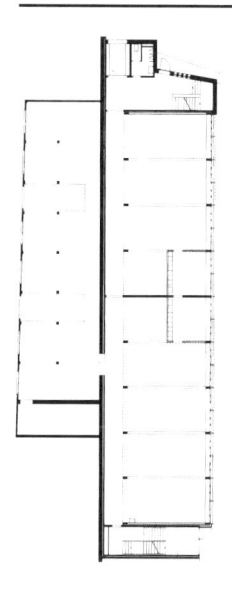

34

Der langgestreckte, dreigeschossige Baukörper schmiegt sich an die bestehende Brandmauer an.
Eine Schicht der Fassade liegt auf der Flucht des anschliessenden Nachbarhauses. Sie ist verglast und führt bis ins Dachgeschoss. Eine zweite Schicht liegt auf der Flucht der abgebrochenen Werkstatt, ist zweigeschossig und ist entsprechend dem hier verarbeiteten Werkstoff mit Holz verkleidet. Das gesamte Volumen mündet schliesslich in einem massiven Kopfteil, welcher Haupteingang, Treppenhaus und Lift umfasst.
Die beiden Vollgeschosse beinhalten die Werkstätten, im Dachgeschoss befinden sich Klassenzimmer.
Die Konstruktion besteht aus tragenden Stahlrahmen und Geschossdecken aus Betonelementen.

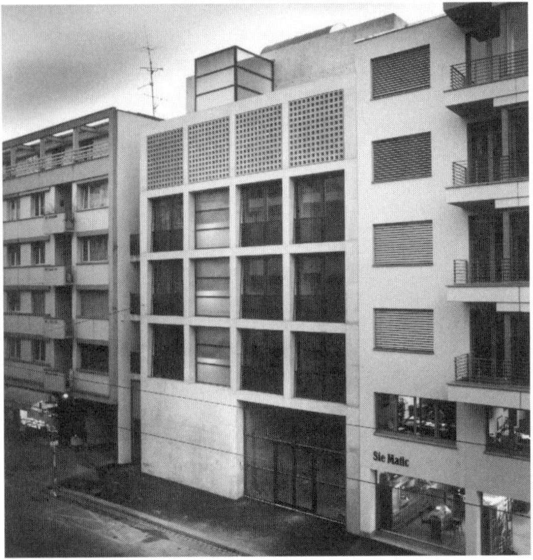
Sie Matic

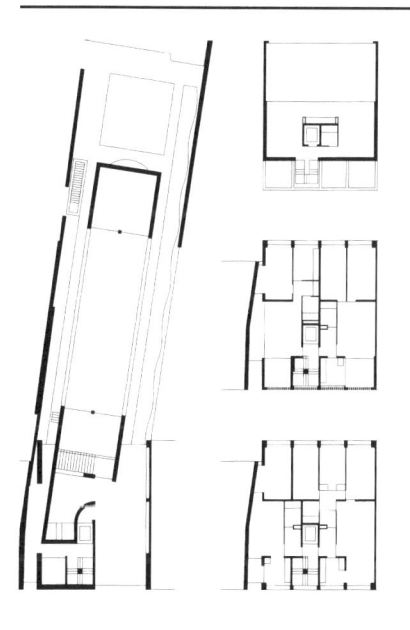

WOHNHAUS MIT GEMEINDESAAL
MISSIONSSTRASSE 37
URS GRAMELSBACHER / 1993 - 95

Das filigrane Sichtbetongebäude entstand auf einer relativ schmalen, aber sehr tiefen Parzelle.

Auffallend in der heterogenen Häuserzeile ist die aussergewöhnliche Fassade. Deren Geometrie ist praktisch identisch mit der des Grundriss.

Die 15 m tiefen Wohnungen mit den Raumhohen Fenstern und Türen werden im Winter von der Hof- bis zur Strassenseite vom Sonnenlicht durchflutet.

Der unterirdische, dreischiffige sakrale Saal ist stützenfrei. Über der tragenden Holzbalkendecke des Mittelschiffs liegt ein Garten. Durch die längsseitig unter der Decke des Mittelschiff angeordneten, undurchsichtigen Fensterbänder dringt weiches Licht.

Der vorgelagerte Treppenhof und der chorseitige Gartenhof erhellen den Raum zusätzlich.

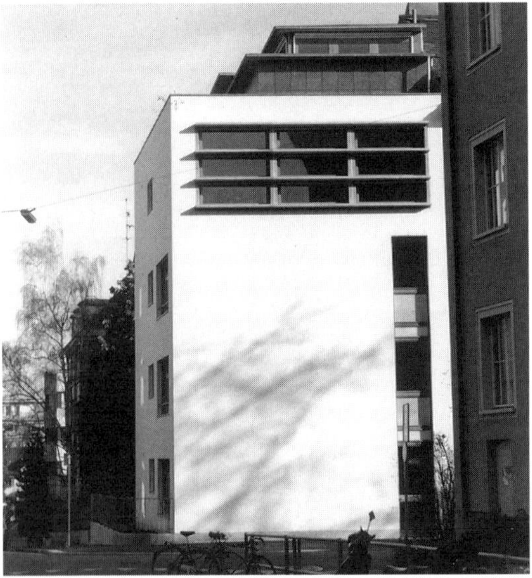

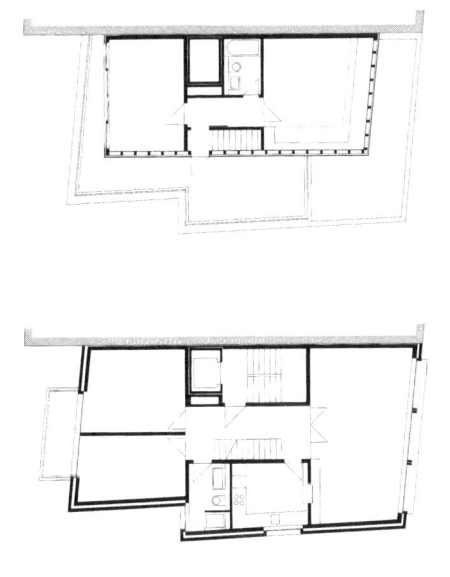

WOHNHAUS
MITTLERE STRASSE 36
FIERZ & BAADER / 1992 - 93

36

Als Gegenüber der Juristischen Fakultät der Universität übernimmt der fünfgeschossige Bau städtebaulich die dezidierte Flucht der Mittleren Strasse und führt sie - mittels eines Rücksprungs - über in die lockere kubische Ordnung der Maiengasse. Hier gliedert sich auch der neugestaltete Garten an.

Das Haus umfasst eine zweigeschossige 6-Zimmer-Wohnung mit Gartenbezug, eine 3-Zimmer-Geschosswohnung sowie eine zweigeschossige 5-Zimmer-Wohnung mit Dachterrasse. Alle Wohnungen verfügen über einen Balkon zum Garten hin.

Das in einer Zweischalenkonstruktion erstellte Haus weist ein in Holz errichtetes Dachgeschoss auf, welches mit Sperrholz verkleidet ist.

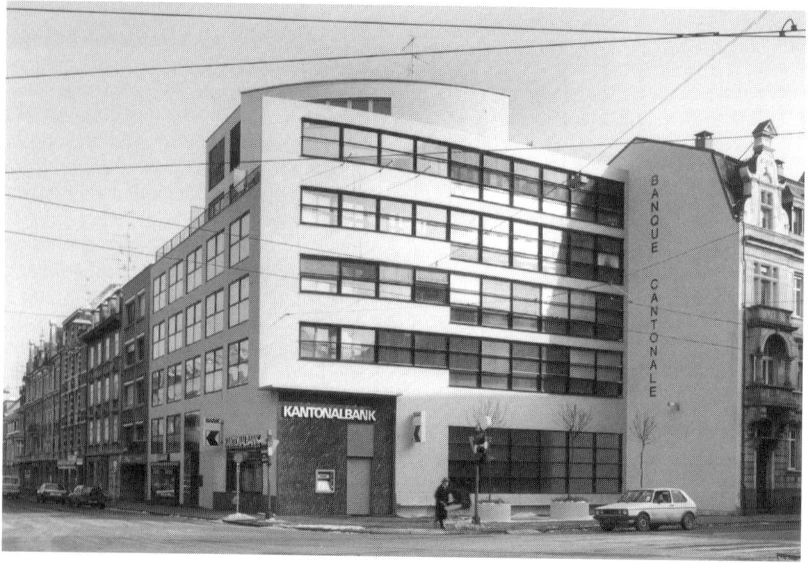
BANQUE CANTONALE
KANTONALBANK

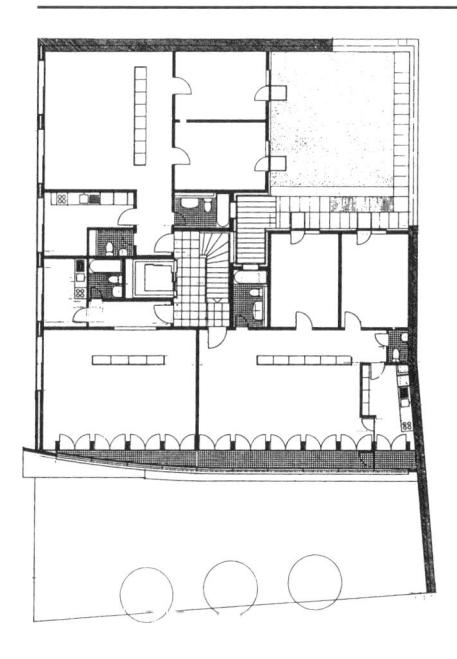

WOHNHAUS MIT BANKFILIALE
MISSIONSSTRASSE 86
DIENER & DIENER / 1982 - 85

37

Durch Baulinien zurückgezwungen nimmt das Gebäude mit seiner geschwungenen Fassade die Biegung der Missionsstrasse auf, zugleich schirmt der gebogene Schild das Haus vor der vielbefahrenen Verkehrsachse ab.

Die unterschiedliche Fassadenausbildung nimmt Bezug auf die ungleichen städtebaulichen Situationen der beiden Fronten.

Erdgeschoss und 1. Obergeschoss beherbergen die Bankfiliale, Büros, sowie eine Bäckerei. Im 2. bis 5. Obergeschoss sind zehn Wohnungen unterschiedlicher Grösse untergebracht. Die Wohnzimmer orientieren sich zur Strasse, die Schlafzimmer zum ruhigen Hof.

Das als Massivbau ausgebildete Gebäude ist weiss verputzt mit Ausnahme des Schildes, welcher aus Eisenbeton gefertigt und silbergrau gestrichen ist.

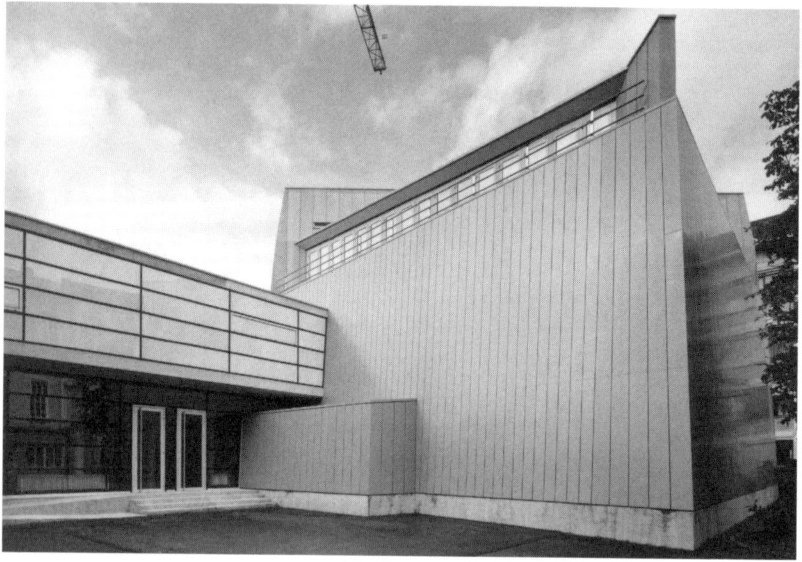

ERWEITERUNG ANATOMISCHES INSTITUT
PESTALOZZISTRASSE 20
FIERZ & BAADER / 1993 - 95

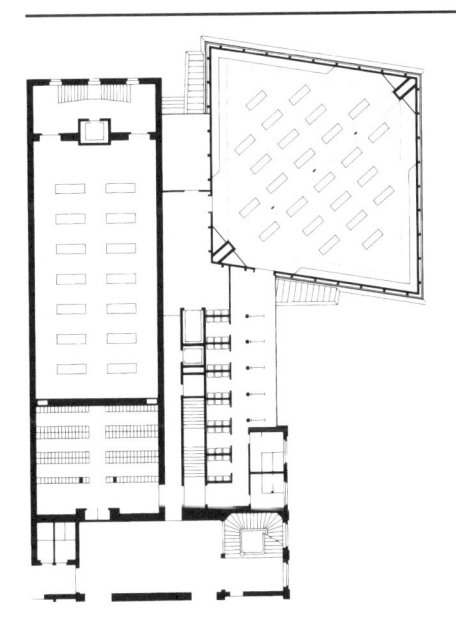

Der in sich gekehrte Baukörper wird von einem Hohlkastenträger über der Dachhaut diagonal überspannt.

Mit drei Zugbändern wird eine Geschossdecke vom Hohlkastenträger abgehängt; es entstehen zwei übereinanderliegende Räume :

Im Erdgeschoss befindet sich der stützenfreie, introvertierte Hör- und Mikroskopiersaal; er wird über zwei tunnelartige Zugänge von der Eingangshalle erschlossen. Auf Tageslicht wird verzichtet, weil hier moderne Projektionsmedien eingesetzt werden. Die 229 Plätze sind reihenweise abgestuft, unter der abgestuften Decke sind Technikräume und die Leichenkonservierungsanlage untergebracht. Im Obergeschoss befindet sich der Präpariersaal, der durch Oberlichtbänder, verglaste Fachwerkträger, natürlich belichtet wird.

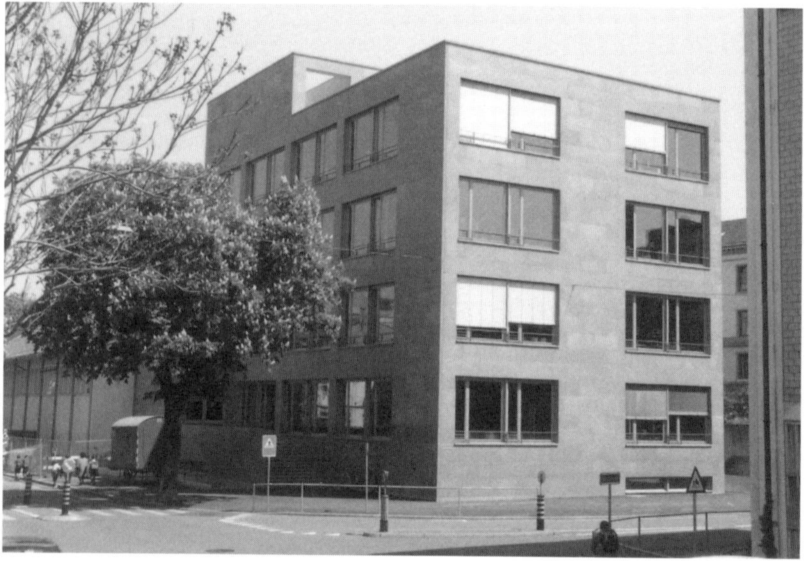

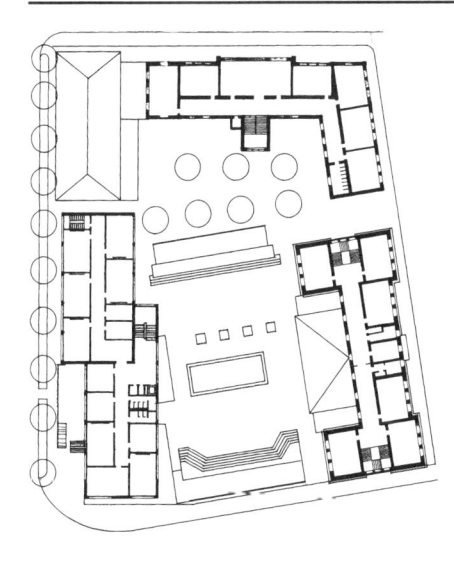

VOGESENSCHULHAUS
ST. JOHANNS - RING / SPITALSTRASSE
DIENER & DIENER / 1994 - 95

39

Im Rahmen der Basler Schulreform wurde eine Orientierungsschule (5. bis 8. Klasse) mit zehn Klassenzimmern und sieben Gruppenräumen benötigt.
Innerhalb eines Strassengeviertes wurde eine Schulanlage bestehend aus zwei repräsentativen Schulhäusern des 19. Jahrhunderts, sowie Turnhalle und unterirdischem Hallenbad ergänzt.
Die Stellung des Neubaus am westlichen Blockrand schliesst den Schulhof auf drei Seiten, lässt ihn aber gegen Süden offen. Der grünschimmernde Baukörper übernimmt die Höhen des gegenüberstehenden Schulhauses; die Geschosshöhen von 4.20 m sowie grossformatige Fenster mit herabgesetzten Brüstungen verleihen ihm einen grosszügigen, offenen Charakter.
Der Zeitrahmen von 31 Monaten Planungs- und Bauzeit hatte konstruktive Folgen: Ein Stahlskelett mit Trapezblechdecken verkürzte die Bauzeit.

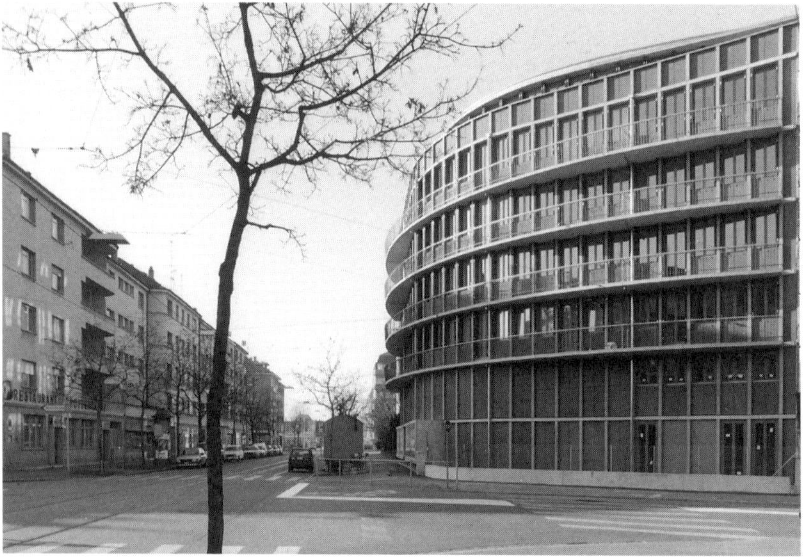

WOHN- UND GESCHÄFTSHAUS SCHWITTER
ALLSCHWILERSTASSE 90
HERZOG & DE MEURON / 1985 - 88

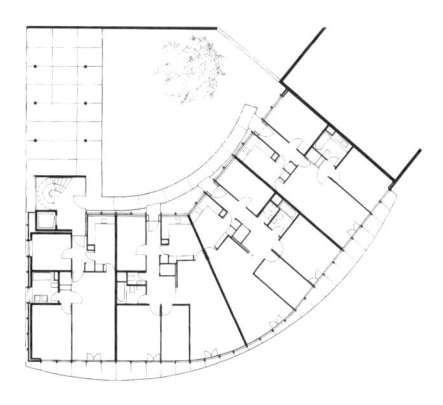

40

Die Krümmung der strassenseitigen Gebäudefassade wird überlagert durch die kreisförmig auskragenden Balkonscheiben (Interferenzwirkung).

Das Zentrum dieser Kreisform liegt im Innern der Wohnanlage, wo stegartige Laubengänge die Wohnungen erschliessen und einen begrünten Innenhof umringen.

Die Fassade ist ein Betonskelett mit eingelagerten gefärbten Betonplatten. Auf der Westseite bleibt dieses Skelett dort unverkleidet, wo eine Loggia den Innenhof gegen aussen abschliesst.

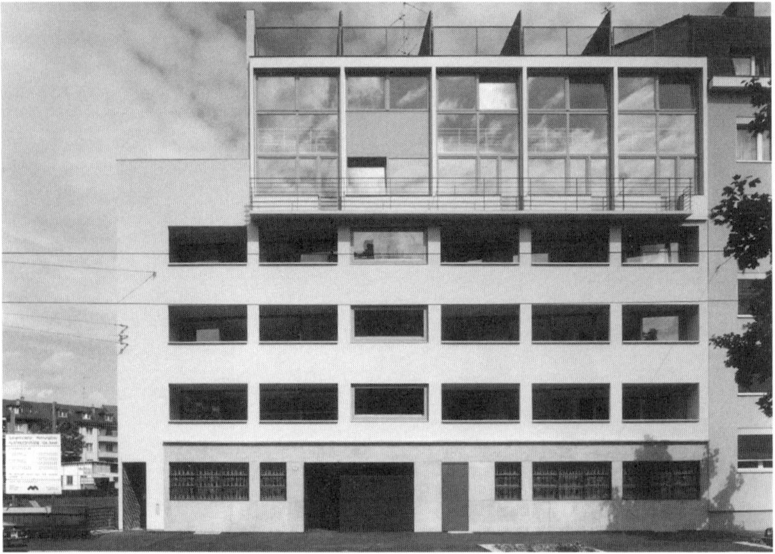

WOHN- UND ATELIERHAUS
ALLSCHWILERSTRASSE 106
DIENER & DIENER / 1984 - 86

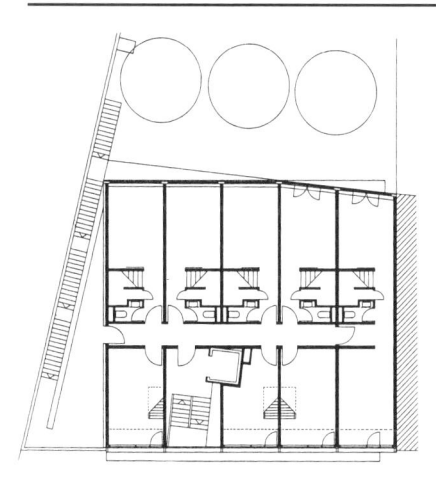

Unmittelbar am eingegrabenen Trassee der französischen Bahn liegt dieses Wohnhaus. Es ist eine Montage von zwei unterschiedlichen Typologien des Wohnungsbaues:
Die eine (untere) bildet die Basis und ist konventionell städtisch in der Anlage. Die Etagenwohnungen sind durchgehend zwischen Strasse und Hof und folgen der geometrischen Form der spitzwinkligen Parzelle.
Die andere (obere) ist unkonventionell. Die mehrgeschossigen Wohnungen sind wie Brücken über einen inneren Gang gespannt und sind von zwei Seiten erreichbar.
Der innere Gang führt auf eine dreieckige Terrasse, deren Grundfläche die Differenz zwischen den unteren und den oberen Baukörper beträgt. Eine Treppe führt entlang der Bahn von der Terrasse in den Hof hinunter.

42 SCHIFFSANLEGESTELLE / W. & K. STEIB / 1988 - 90
Elsässerrheinweg, Tram 15 St. Johanns-Tor

43 PASSAGIERSCHIFF "C. MERIAN" / ERNY, GRAMELSBACHER, SCHNEIDER / 1990
Rhein

44 WOHNBAUTEN DAVIDSBODEN / ERNY, GRAMELSBACHER, SCHNEIDER / 1990
Gasstrasse, Vogesenstrasse, Tram 1 / Bus 36, 38, 50 Kannenfeldplatz

45 WOHNBAUTEN LUZERNERRING / ERNY, GRAMELSBACHER, SCHNEIDER / 1991 -
Burgfelderstrasse 200 - 206, Tram 3 / Bus 36 Luzernerring

46 WOHNBAUTEN LUZERNERRING / ALDER UND PARTNER / 1991 - 94
Bungestrasse 10 - 18, Tram 3 / Bus 36 Luzernerring

47 WOHNBAUTEN LUZERNERRING / ERNST SPYCHER / 1991 - 93
Julia-Gauss Strasse 10 - 17, Tram 3 / Bus 36 Luzernerring

48 WOHNBAUTEN LUZERNERRING / VISCHER + OPLATEK / 1991 - 93
Julia-Gauss Strasse 5 - 9, Tram 3 / Bus 36 Luzernerring

49 TURNHALLE PFAFFENHOLZ / HERZOG & DE MEURON / 1992 - 94
Im Burgfelderhof, Tram 3 Burgfelden Grenze

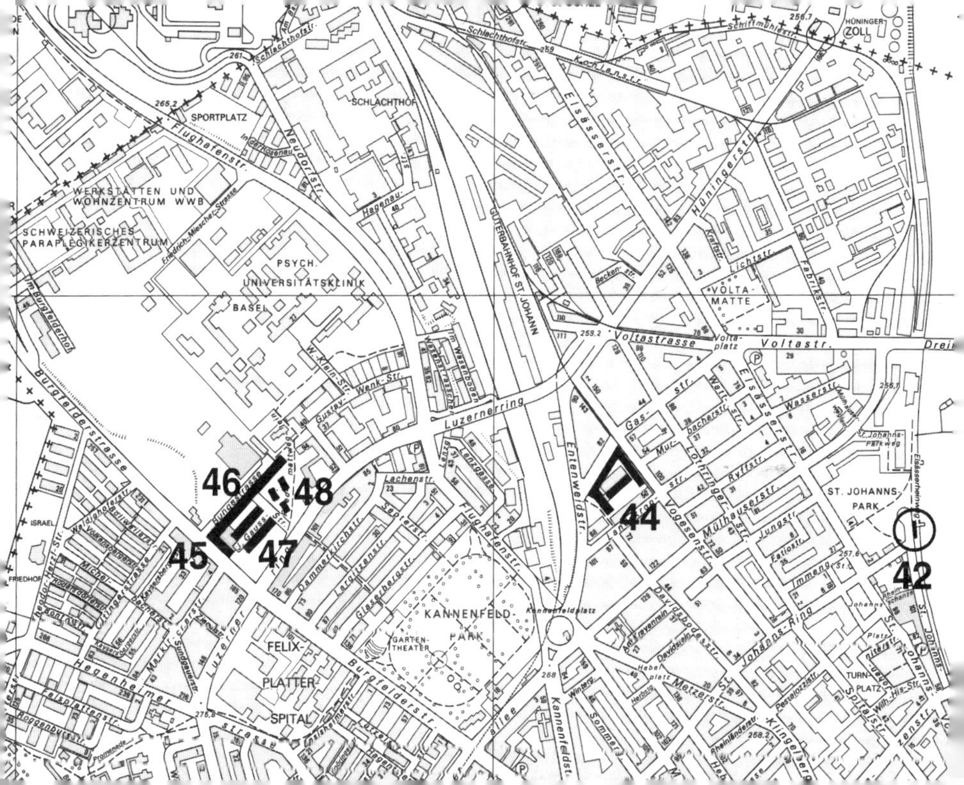

SCHLACHTHOF
SPORTPLATZ
Flughafenstr.
Neudorfstr.
Schlachthofstr.
Kohlenstr.
Elsässerstr.
Hüningerstr.
HÜNINGER ZOLL
WERKSTÄTTEN UND WOHNZENTRUM WWB
SCHWEIZERISCHES PARAPLEGIKERZENTRUM
PSYCH. UNIVERSITÄTSKLINIK BASEL
GÜTERBAHNHOF ST. JOHANN
VOLTA-MATTE
Voltastrasse
Voltaplatz
Voltastr.
Luzernerring
Burgfelderstrasse
Entenweidstr.
ST. JOHANNS-PARK
KANNENFELD-PARK
GARTEN-THEATER
Kannenfeldplatz
FELIX-PLATTER-SPITAL
Burgfelderstr.
Vogesenstr.
Mülhauserstr.
Lothringerstr.
Johanns-Ring
Metzerstr.
Hebelplatz
Kannenfeldstr.
Klingelbergstr.
Spitalstr.
TURN-PLATZ
ISRAEL. FRIEDHOF
Hegenheimer
Luzerner
46
48
45
47
44
42

KANNENFELD F

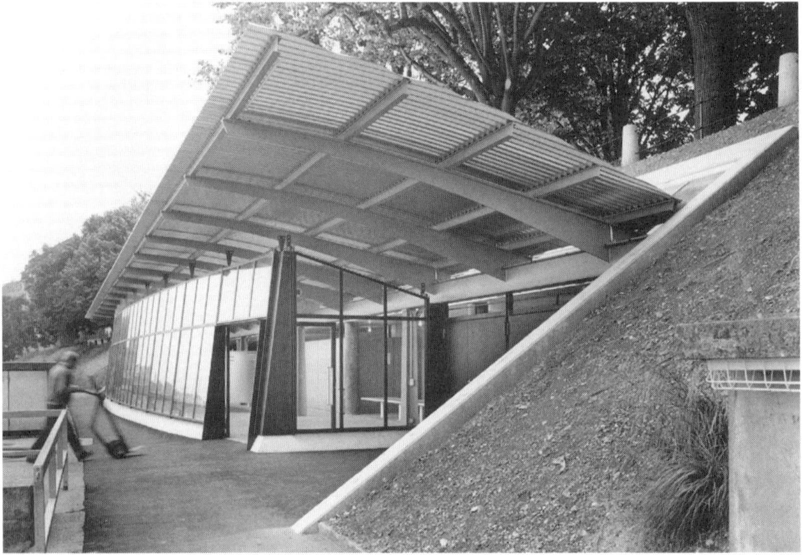

SCHIFFSANLEGESTELLE ELSÄSSERRHEINWEG
WILFRID & KATHARINA STEIB / 1988 - 90

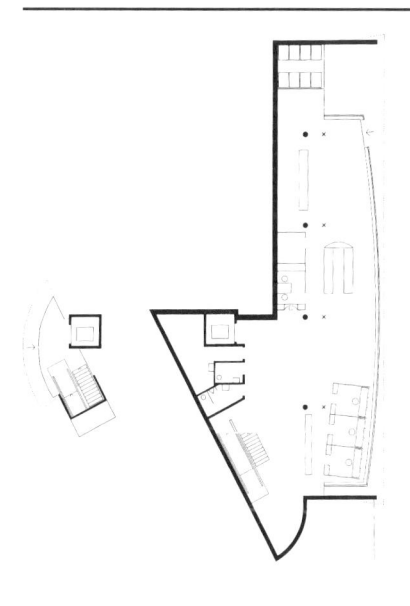

42

Die neue Anlegestelle für den internationalen Passagierschiffsverkehr Basel-Rotterdam liegt an der Rheinuferpromenade auf der Höhe des neu geschaffenen St. Johann-Parks.

Ein einfacher Empfangspavillon führt den Passagier von der Strasse in die Ankunftshalle hinunter.

Die Halle öffnet sich zum Fluss wie aufgeklappt aus dem Rheinbord heraus. Der leichte Schwung der verglasten Fassade eröffnet eine Panoramasicht auf den Rhein.

Feine Stahlstützen tragen die filigrane Stahl- und Glaskonstruktion des unbeheizten Baues.

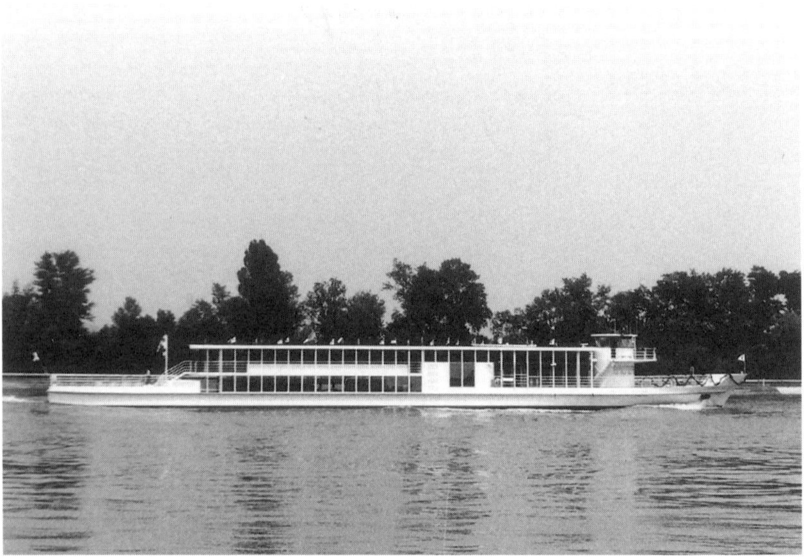

PASSAGIERSCHIFF MS "CHRISTOPH MERIAN"
VERKEHR AUF DEM RHEIN
ERNY, GRAMELSBACHER, SCHNEIDER / 1990

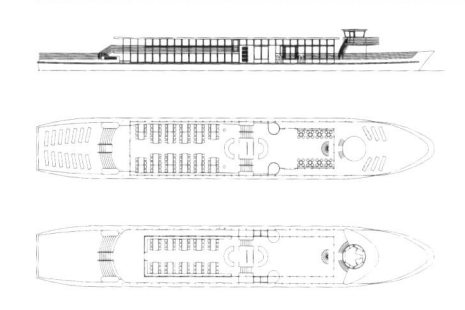

Weiss, elegant und bescheiden liegt die MS "Christoph Merian" im Wasser: Von Bug bis Heck ganz Linie, dezent geschwungen überdacht und gekrönt von einem freigestellten Steuerhausturm.

Man betritt das Passagierschiff im vorderen Drittel des überdachten Teils.

Im symmetrischen Foyer geht das Hauptdeck in die beiden Salondecks über, die von vier Treppen und drei Buffets bedient werden.

Das Oberdeck bietet rund 70 Sitzplätze. Hier ist nicht nur eine Panoramasicht möglich, sondern auch ein Durchblick durch das ganze Schiff. Im Unterdeck befinden sich etwa 120 Sitzplätze.

Beide Salons sind stützenfrei, da die Tragstruktur, beidseitig massive Stahlstützen, aussen liegt.

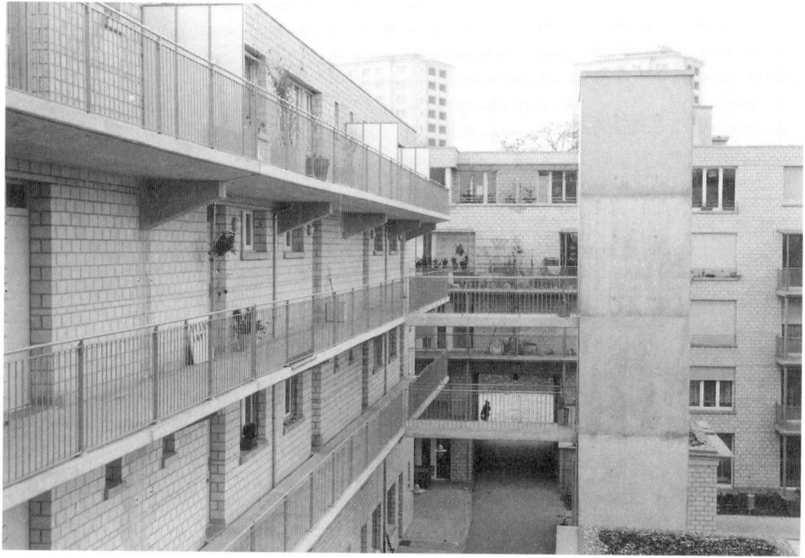

WOHNBAUTEN DAVIDSBODEN
GASSTRASSE, VOGESENSTRASSE
ERNY, GRAMELSBACHER, SCHNEIDER / 1990

Mit der neuen Wohnüberbauung wurde ein wegweisendes Modell gemeinschaftlichen und selbstbestimmten Wohnens in Miete verwirklicht.

Die Erstmieter der 155 Wohnungen wurden in die Projektphase einbezogen: Sie konnten die innere Struktur ihrer Wohnungen nach eigenen Wünschen mitgestalten und sich zu Hausgemeinschaften zusammenschliessen. Ziel des Konzepts war Nachbarschaftlichkeit, Mitbestimmung und Selbstverwaltung der Mieter.

Die Gemeinschaftlichkeit wurde durch lebendig gestaltete Innenhofräume mit einem öffentlichen Gehweg, gemeinsamen Erkern und Einrichtungen wie Bio-Laden, Ateliers, Kindergärten oder Jugendbibliothek ausformuliert.

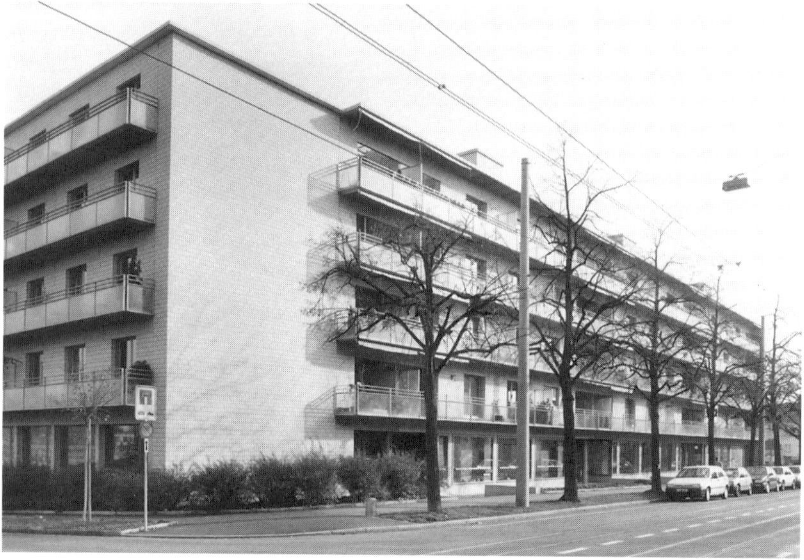

WOHNBAUTEN LUZERNERRING
BURGFELDERSTRASSE 200 - 206
ERNY, GRAMELSBACHER, SCHNEIDER / 1991 - 93

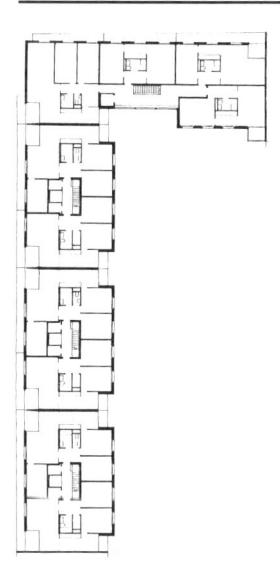

45

Die 5-geschossige Wohnanlage liegt am Stadtrand und ist Teil einer Grossüberbauung. Sie wird von Frankreich her als Auftakt zur Stadt erlebt.

Die Ecksituation ist kubisch gerichtet mit einer geschlossenen Stirnseite zur Burgfelderstrasse, und wird als Abschluss der Bungestrasse verstanden. An der Burgfelderstrasse ist das Gebäude in drei gleiche, sich abzeichnende Hauseinheiten gegliedert.

Entlang den Strassen betonen auskragende durchgehende Balkone die Horizontale und dienen mit Drahtglasbrüstungen dem Lärmschutz.

Die Fassade wird in Beton und Kalksandstein erstellt.

Es entstehen 39 Wohnungen sowie ein Kindergarten und Läden im Erdgeschoss.

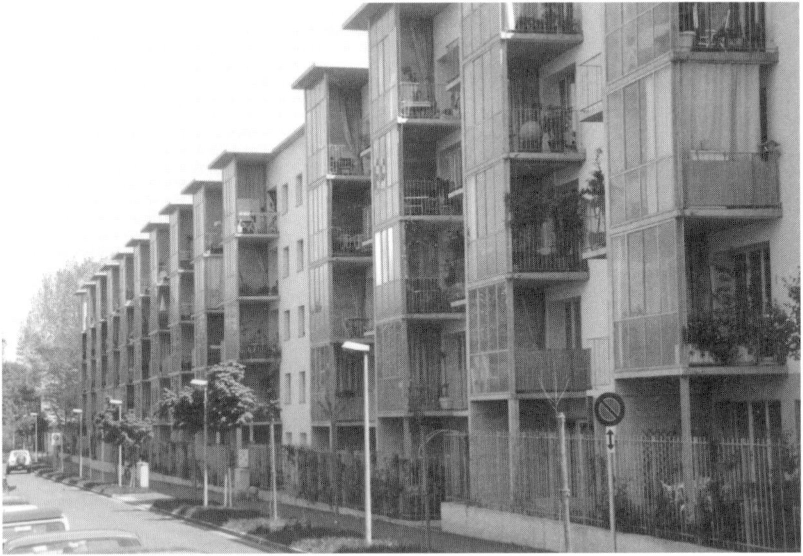

WOHNBAUTEN LUZERNERRING
BUNGESTRASSE 10 - 18
ALDER UND PARTNER / 1991 - 94

46

Als Abschluss der Überbauung Luzernerring zu einem offenen Feld mit Schrebergärten, nimmt der abgestufte Baukörper das ansteigende Terrain bildlich auf.

Der lange Baukörper weist eine grosse Anzahl verschiedener Wohnungsgrundrisse auf.

Jede Wohnung verfügt über drei Balkone: Gegen Nordwesten mit der bevorzugten Aussicht über die Pflanzplätze, liegen die verglaste Veranda vor dem Wohnzimmer sowie ein Putzbalkon vor dem Bad, hofseitig die durchgehende Balkonschicht vor den Schlafräumen, jeweils unterbrochen durch die aussen liegenden Lifttürme.

Jede Gebäudeeinheit verfügt über einen Gemeinschaftsraum im Erdgeschoss. Die zweispännige Erschliessung endet auf der Dachterrasse, wo ein Spazierweg mit Blick über die Stadt angelegt ist.

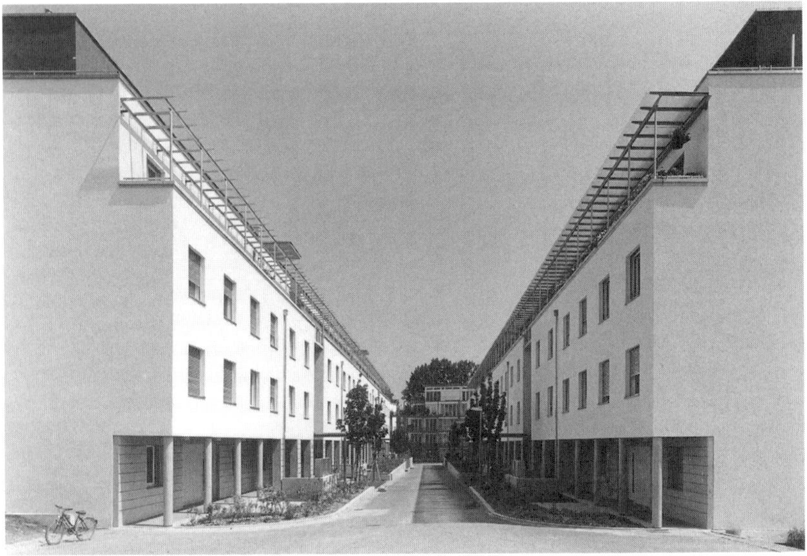

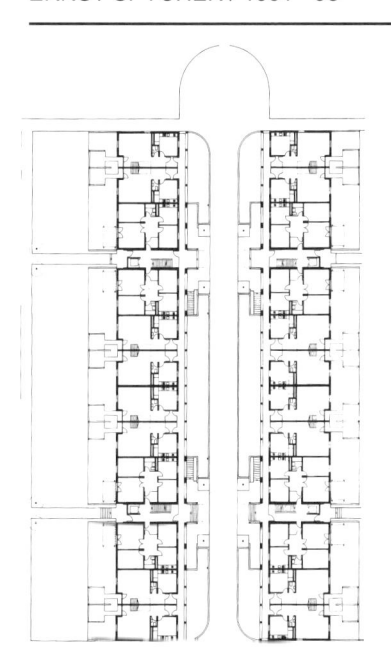

WOHNBAUTEN LUZERNERRING
JULIA GAUSS-STRASSE 10 - 17
ERNST SPYCHER / 1991 - 93

47

Die Gebäudegruppe liegt im Zentrum der Anlage. Die zwei fünfgeschossigen Baukörper, welche über je zwei Treppenhäuser und zwei Laubengänge erschlossen werden, umfassen jeweils 40 Wohnungen unterschiedlicher Grösse.

Durch die Gegenüberstellung zweier symmetrischer Baukörper entsteht ein Strassenraum, der durch die verschiedenen Zonen vor und am Haus eine vielseitige Schichtung erhält. Der Strassenraum bildet die Zone der sozialen Kontakte und des sozialen Lebens.

Es findet sich hier eine grosse Vielfalt der Wohnungsgrundrisse, besonders seien die nebeneinander angeordneten Geschoss- und Maisonnettewohnungen erwähnt. Bei den mit einer Aussenisolation und vorgestellten Stahl/Beton-Balkonen versehenen Baukörpern wurde auf eine präzise Detaillierung ebenso Wert gelegt, wie auf eine sorgfältige Materialverwendung und Farbgebung.

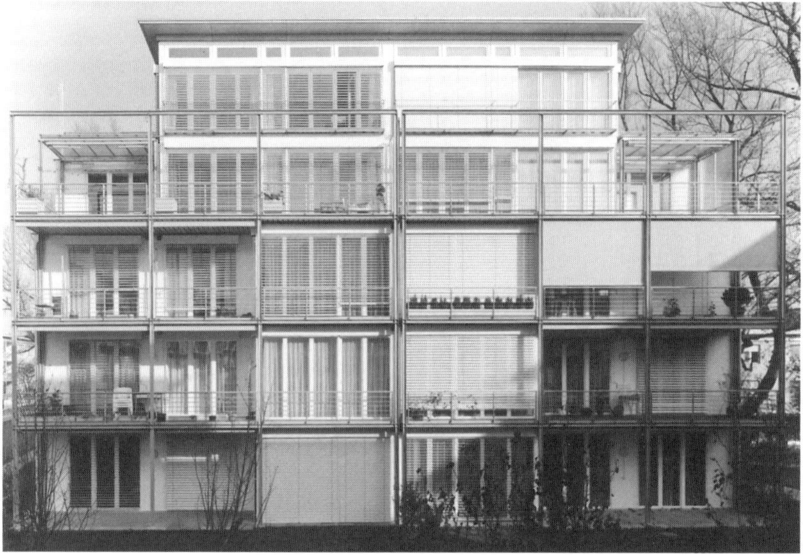

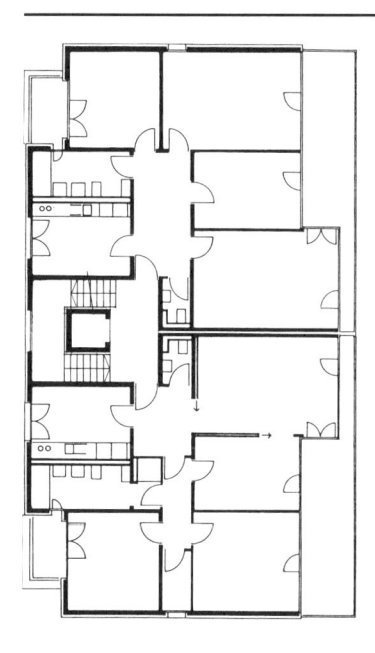

WOHNBAUTEN LUZERNERRING
JULIA-GAUSS STRASSE 5 - 9
VISCHER + OPLATEK / 1991 - 93

48

Die Gebäudegruppe besteht aus drei gleichen Baukörpern. Die in offener Bauweise plazierten Bauten schliessen die spitz auslaufende Parzelle gegen Nordosten ab und richten sich somit mit ihren Wohnräumen gegen Südwesten zu den lärmgeschützten Freiräumen.

Die Differenzierung der Fassaden entspricht dem städtebaulichen Konzept und der Lage. Dieses Gestaltungsprinzip - massive Nordost- und Giebelfassaden; leichte offene, mittels Stahlstützen aufgelöste Fassaden mit Balkonen gegen Südwesten - berücksichtigt nicht nur die Ausrichtung und die Lärmbelastung, sondern reagiert auch auf die Aussenräume. Die massiven Aussenmauern bilden den Abschluss der ganzen Überbauung gegen der öffentlichen Raum.

Die nach WEG-Richtlinien erstellten Wohnungen bieten flexible Grundrisse. Jedes Haus beinhaltet zwei 3-, vier 4- und zwei 5-Zimmer Maisonnettewohnungen.

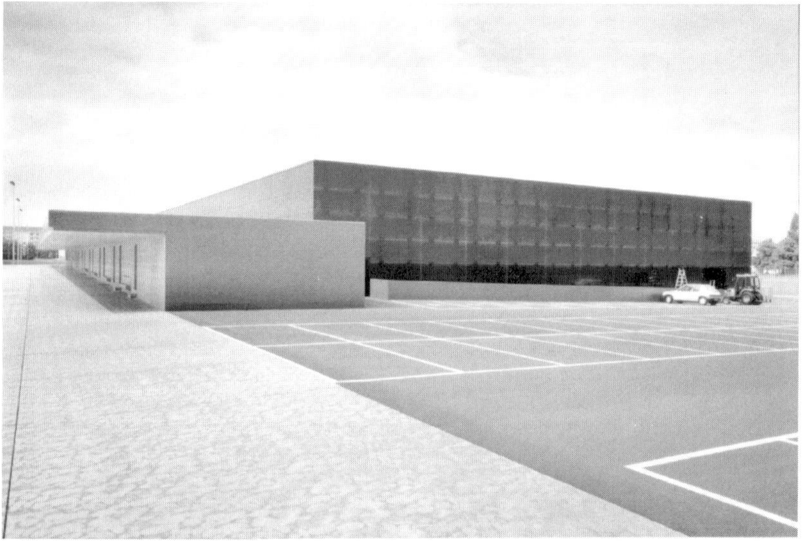

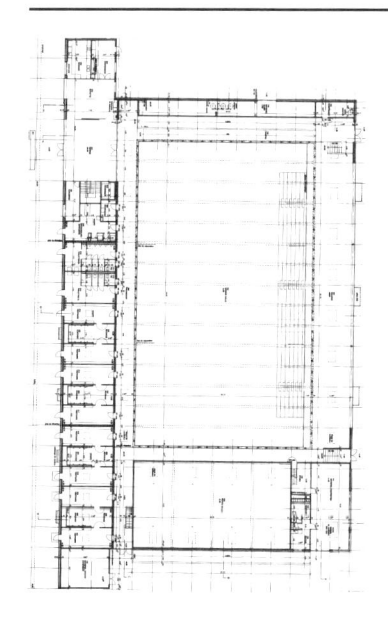

TURNHALLE PFAFFENHOLZ IM BURGFELDERHOF
HERZOG & DE MEURON / 1992 - 94

Von der Schweiz aus frei zugänglich liegt die Sportanlage unmittelbar an der Grenze zwischen Basel und St. Louis auf französischem Boden.

Der kubische, leicht wirkende Baukörper der Turnhalle wird umhüllt von grossformatigen Glasplatten, die durch ein aufgedrucktes Muster das Tageslicht gefiltert eindringen lassen.

Die Dreifachturnhalle und eine kleinere Turnhalle werden umgeben von Gallerien, die als Zugang oder Zuschauerraum dienen. Die zudienenden Räume sind in einem langgestreckten, niedrigen Baukörper mit weit auskragendem Vordach untergebracht : Haupteingang mit Kiosk, Buvette, Aufzug, Toiletten sowie Garderoben und Duschen.

Eine Leichtathletik-Rundbahn, drei Fussballfelder, Hartplatz und Finnenbahn sind um die Turnhalle angeordnet. Die gesamte Sportanlage ist rollstuhlgängig.

50 WOHN- UND VEREINSGEBÄUDE MIT SAAL / ARCHITEAM 4 / 1992 - 95
Güterstrasse / Tellplatz, Tram 15, 16 Tellplatz

51 WOHNHAUSERWEITERUNG / MORGER & DEGELO / 1988
Gundeldingerstrasse 147, Bus 36 Kunsteisbahn

52 EINZIMMERHAUS / SILVIA GMÜR / 1992
Sonnenbergstrasse 92, Tram 15 Wolfschlucht

53 ANBAU AN EIN WOHNHAUS / MORGER & DEGELO / 1990 - 91
Arabienstrasse 27, Tram 15 / Bus 36 Bruderholzstrasse

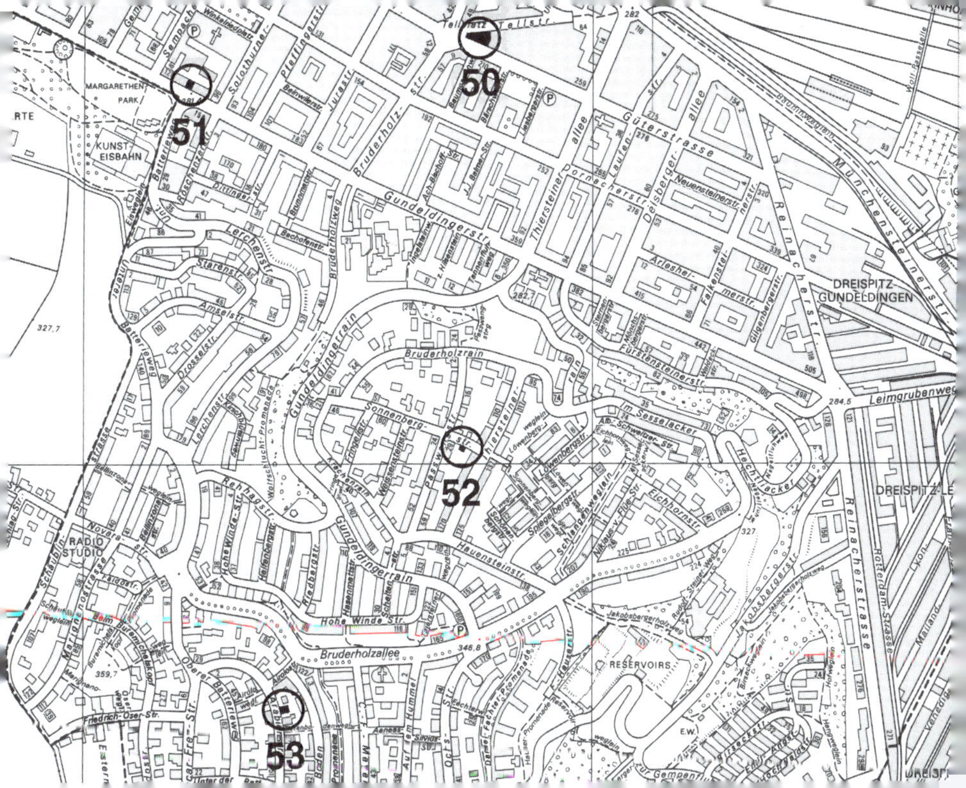

50
51
52
53
MARGARETHEN PARK
KUNST EISBAHN
RADIO STUDIO
DREISPITZ GUNDELDINGEN
DREISPITZ
RESERVOIRS
Tellplatz
Tellstr.
Güterstrasse
Gundeldingerstr.
Thiersteiner allee
Bruderholzstr.
Bruderholzrain
Gundeldingerrain
Bruderholzallee
Hohe Winde Str.
Sonnenbergstr.
Passwangstr.
Hauensteinstr.
Reinacherstrasse
Münchensteinerstr.
Leimgrubenweg
Batterieweg
Lerchenstr.
Amselstr.
Starenstr.
Drosselstr.
Rehhagstr.
Novarastr.
Marignanostrasse
Friedrich-Oser-Str.
Oberer Batterieweg
Jakobsbergerholzweg
Hechtliacker
Im Sesselacker
Eichhornstr.
Spiegelbergstr.
Löwenbergstr.
Fürstensteinerstr.
Falkensteinerstr.
Arlesheimerstr.
Dornacherstr.
Rotterdam-Strasse
Wolfschlucht-Promenade
Daniel-Fechter-Promenade

BRUDERHOLZ E

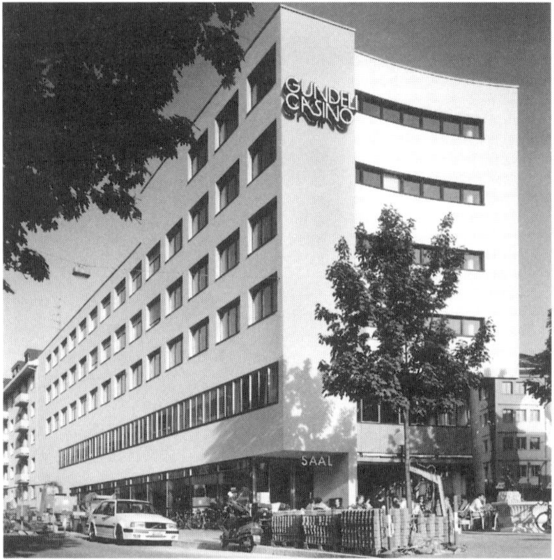
GUNDELI
CASINO
SAAL

WOHN- UND VEREINSGEBÄUDE MIT SAAL
GÜTERSTRASSE / TELLPLATZ
ARCHITEAM 4 / 1992 - 95

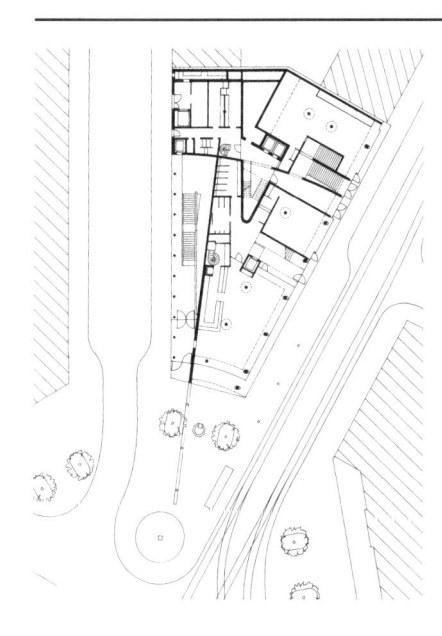

50

Das Gundeldinger Casino ist ein modernes Kulturzentrum mit Konzert- und Theatersaal, Bistro, Restaurant, Konferenzräumen, Läden, Wohnungen und Büros am Tellplatz.

Der Tellplatz geht auf eine Ende des 19. Jahrhunderts eingereichte Planung des Gundeldinger Quartiers durch die Basler Niederlassung einer Mainzer Immobiliengesellschaft zurück. Auf dem konzentrischen Tellplatz treffen sich Fassadenfluchten der Güterstrasse, der Tellstrasse und der Bruderholzstrasse in einem Punkt. Dieser bildet das Platzzentrum und ist Ausgangspunkt für die prägende radiale Gebäudegeometrie.

Die fächerförmige Raumstruktur wird auf selbstverständliche Weise bis tief ins Gebäudeinnere über Glasbänder mit natürlichem Licht versorgt. Das Sichtbetonskelett als Abbild der Geometrie des Ortes gliedert den Bau in klarer Art.

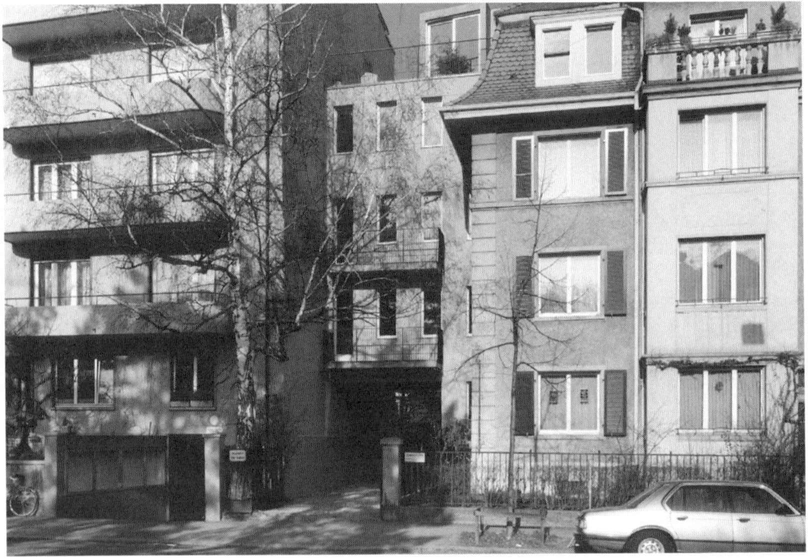

WOHNHAUSERWEITERUNG
GUNDELDINGERSTRASSE 147
MORGER & DEGELO / 1988

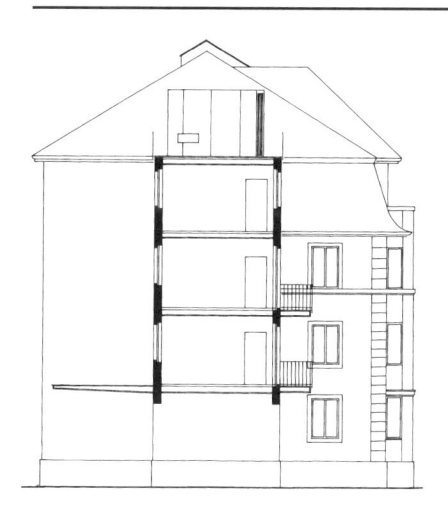

Die Ausgangspunkte zu diesem Anbau, der eine ungenutzte Baulücke schliesst, sind ästhetischer und praktischer Natur. Dem Konzept liegen eine harmonische Ergänzung der vorhandenen Bebauung sowie eine Verbesserung der Wohn- und Lebensqualität durch eine Vergrösserung der Wohnfläche sowie eine Reduktion des Lärmpegels im Innenhof zugrunde.
Bauart und Fassadengestaltung - monolitisches Einsteinmauerwerk und Jurasit-Kratzverputz - interpretieren Konstruktion und Architektur der Nachbarbauten.
Jedes Geschoss enthält einen Raum, zuoberst liegt eine grosse Dachterrasse. Der leicht nach Süden abgedrehte Dachaufbau thematisiert den freien Grundriss der Dachterrasse.

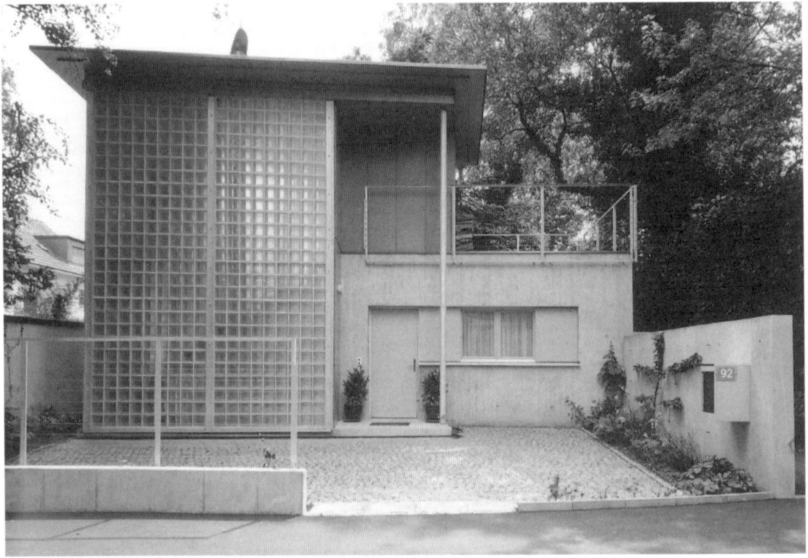
92

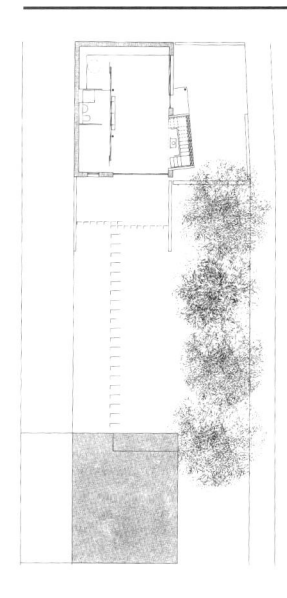

EINZIMMERHAUS
SONNENBERGSTRASSE 92
SILVIA GMÜR / 1992

Bei der tiefen Eckparzelle bot sich die Umnutzung der Garagen, welche auf die Sonnenbergstrasse orientiert waren, zu einem unabhängigen Wohnhaus an.

Die Abmessungen der ursprünglichen Garagen sind beim Neubau am massiven Sichtbetonkörper ablesbar. Die das Volumen der Garagen überragenden Gebäudeteile sind als Leichtkonstruktion in Stahl und Holz ausgebildet. Der Wohnraum öffnen sich nach Osten zum Partnerhaus mit einer grossflächigen Verglasung und stellt die optische Verbindung her.

Dem Neubau sind drei unterschiedliche Aussenräume zugeordnet, die sich in Lage, Oberfläche und Bepflanzung unterscheiden. Der Hofraum zur Strasse als städtische Vorzone, der Sitzplatz im Garten als ruhiger Rückzugsort und die "baumhüttenartig" ausgestaltete Dachterrasse inmitten der Baumkronen.

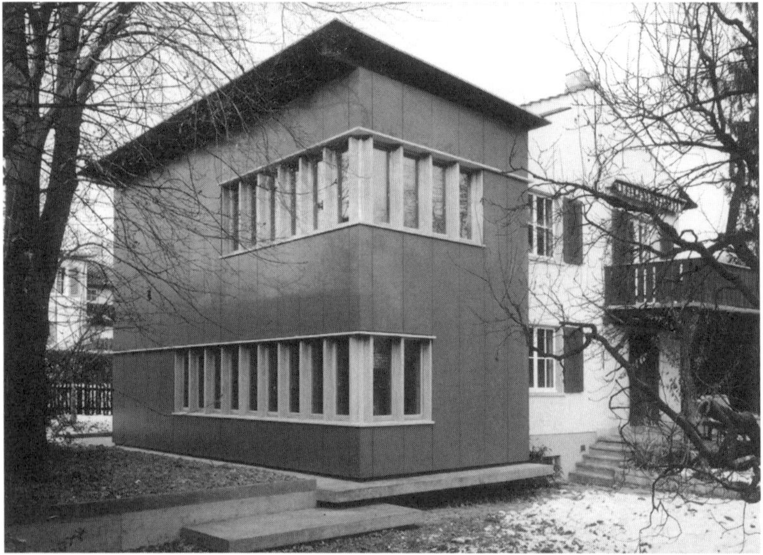

ANBAU AN EIN WOHNHAUS
ARABIENSTRASSE 27
MORGER & DEGELO / 1990 - 91

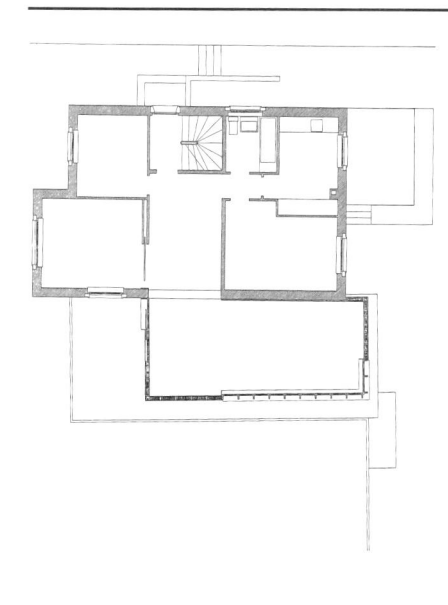

Dem aus den 40er Jahren stammenden Zweifamilienhaus wurden zwei grosszügige Wohnräume hinzugefügt.
Der eigenständig wirkende Anbau ist ein reiner Holzbohlenbau, der dank seiner Auflagerung auf einer knapp über dem Boden schwebenden Betonplatte leicht wirkt und den Aussenraum nicht verdrängen will. Die weiss lasierten Sperrholztafeln innen und die grün gestrichenen, verleimten Tannenplatten aussen sind direkt auf das Konstruktionsholz montiert und übernehmen somit neben der schützenden auch die statische Funktion der Aussteifung. Die Konstruktion ist weder versteckt noch blossgelegt, vielmehr "scheint" sie durch die äussere Haut - erinnert an sie. Beim Dach hingegen wird die Konstruktion offensichtlich gezeigt, aber durch eine nachtgrüne Farbe verschleiert. "Eine Art Verhüllung, übrig bleibt die leise Ahnung". (M & D)

54 FERNMELDEAMT / BÜRGIN & NISSEN / ZWIMPFER PARTNER / 1988
Grosspeterstrasse 20, Tram 10, 11, 15 Grosspeterstrasse

55 STELLWERK / HERZOG & DE MEURON / 1992 - 94
Walkenweg / Güterbahnhof Wolf, Tram 10, 11 Wolfgottesacker / Bus 36 Dreispitz

56 LOKOMOTIVDEPOT / HERZOG & DE MEURON / 1992 - 95
Walkenweg / Güterbahnhof Wolf, Tram 10, 11 Wolfgottesacker / Bus 36 Dreispitz

57 GARDEROBENGEBÄUDE / SCHEIWILLER & OPPLIGER / 1992 - 93
Sportstätten St. Jakob, Tram 14 / Bus 36 St. Jakob

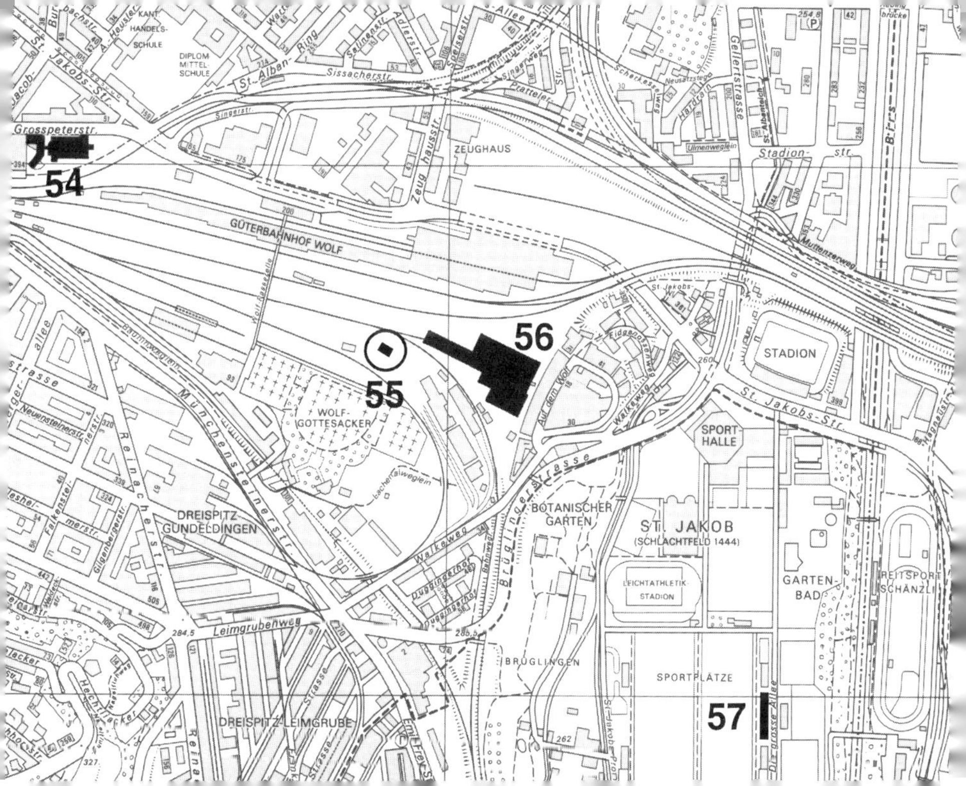

54
55
56
57
GÜTERBAHNHOF WOLF
ZEUGHAUS
KANT. HANDELS-SCHULE
DIPLOM MITTEL-SCHULE
STADION
SPORT HALLE
WOLF-GOTTESACKER
DREISPITZ-GUNDELDINGEN
BOTANISCHER GARTEN
ST. JAKOB
(SCHLACHTFELD 1444)
LEICHTATHLETIK-STADION
GARTEN-BAD
REITSPORT SCHÄNZLI
BRÜGLINGEN
SPORTPLÄTZE
DREISPITZ-LEIMGRUBE
St. Alban-Ring
Sissacherstr.
Prattelerstr.
St. Jakobs-Str.
Grosspeterstr.
Singerstr.
Zeughausstr.
Stadion-str.
Muttenzerweg
Gellertstrasse
Birs
Münchensteinerstr.
Reinacherstr.
Walkeweg
Brüglingerstrasse
Leimgrubenweg
Auf dem Wolf
Eidgenossenweg
Dugginger hof
Die grosse Allee
Neuensteinerstr.
Falkensteinerstr.
Gilgenbergerstr.
Ulmenweglein
Hardrain
Speiserstr.
Adlerstr.
Lachenalweglein

ST. JAKOB/WOLF H

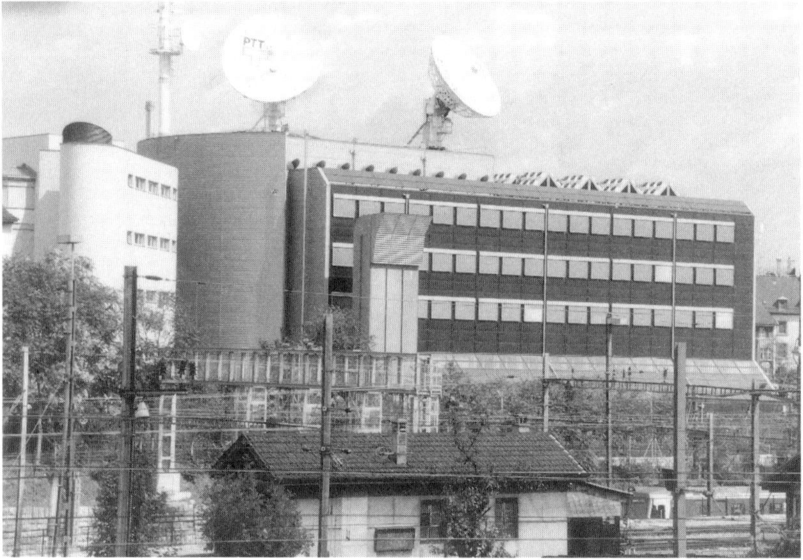
PTT

FERNMELDEAMT
GROSSPETERSTRASSE 20
BÜRGIN & NISSEN / ZWIMPFER PARTNER / 1988

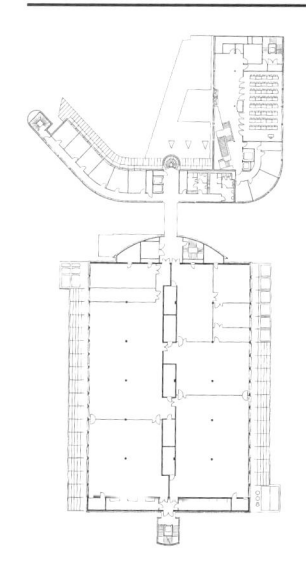

54

Das Grundstück liegt am Übergang von einer Wohnzone zu einer Zone industrieller Prägung.

Mit der Gliederung des Raumprogrammes in zwei Baukörper grundsätzlich verschiedener Haltung kann die Wohnzone "zu Ende geführt" und der Wechsel zur Industriezone mit einem Brückenschlag zwischen den beiden Baukörpern unterstrichen werden.

Das Raumprogramm wird in zwei Komplexe aufgeteilt:

Der industrielle Baukörper nimmt das Betriebsgebäude mit seinen hochtechnologischen Fernmeldeeinrichtung auf. Im massiven Annexbau befindet sich eine Vielfalt von andienenden Funktionen wie Büros, Konferenz- und Schulungsräume, Kantine und Wohnungen.

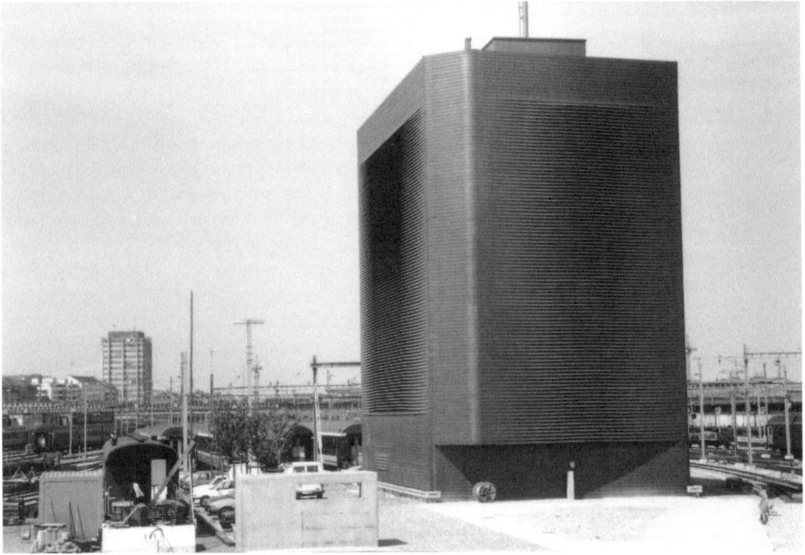

STELLWERK
WALKENWEG / GÜTERBAHNHOF WOLF
HERZOG & DE MEURON / 1992 - 94

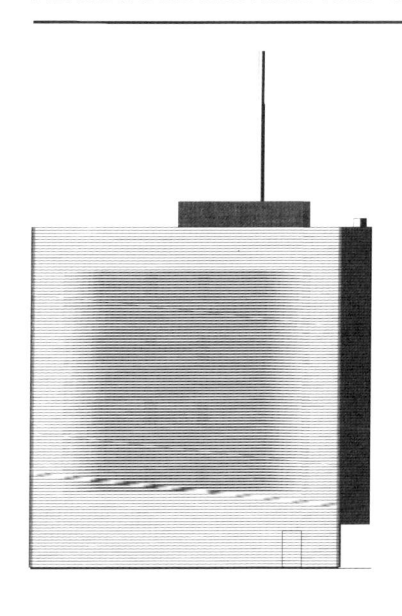

Ganz in Kupfer gekleidet steht das Stellwerk als Solitär am Rande des Geleisefeldes in unmittelbarer Nähe des Lokomotivdepots.

Auf sechs Geschossen beherbergt es vor allem die elektronische Ausrüstung für die Kontrolle der Weichen und Signale des Lokdepots und der anschliessenden Rangiergeleise.

20 cm breite Kupferbänder umwickeln die aussen isolierte Betonschale des Baukörpers und wirken so wie ein Faradayscher Käfig, welcher die Elektronik im Innern vor äusseren Einflüssen schützt.

Der Masstab ist offen und unbestimmt; die Geschossteilung ist nicht zu erkennen, da die Fenster durch die nach aussen verdrehten Kupferbänder gleichsam verschleiert, aber nicht verdeckt werden.

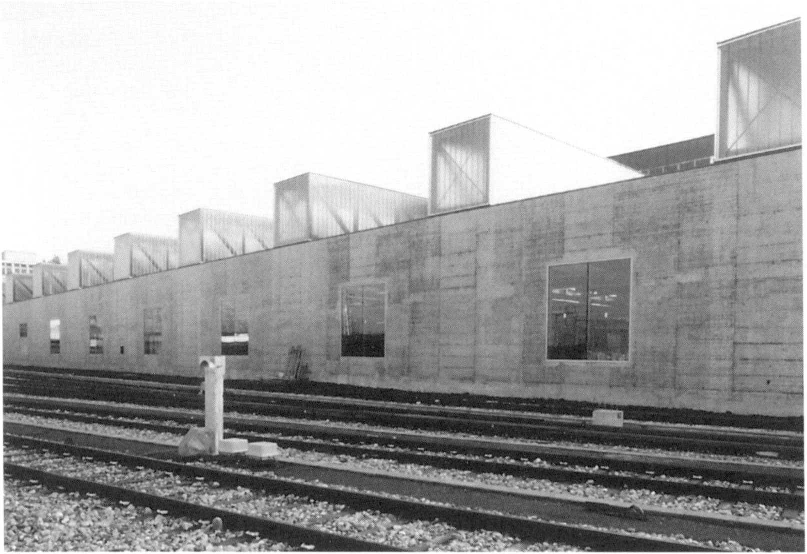

LOKOMOTIVDEPOT
WALKENWEG / GÜTERBAHNHOF WOLF
HERZOG & DE MEURON / 1992 - 95

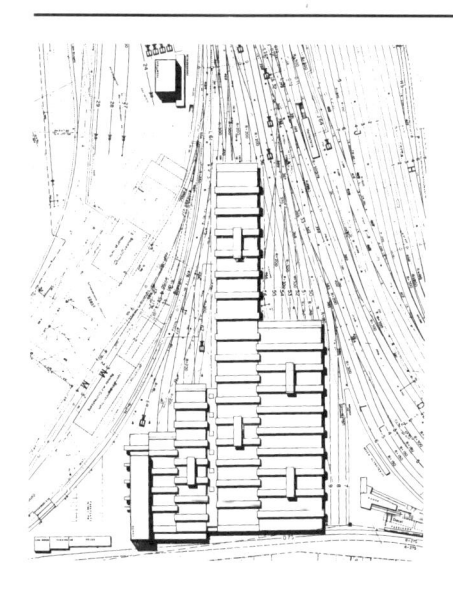

56

Im dreieckigen Zwickel einer Geleisekreuzung gelegen, besteht das Depot aus einzelnen aneinandergereihten Remisen unterschiedlicher Breite, Höhe und Länge. Dieses additive Gebilde wird von Stahlträgern überspannt, deren quadratischer Querschnitt sich den unterschiedlichen Spannweiten anpasst. Die Träger sind mit transluzenten Platten verkleidet, die gefiltertes Tageslicht ins Innere dringen lassen. In regelmässigen Abständen lagern diese Lichtbalken direkt auf den Längswänden aus Ortbeton.

Die leicht durchhängenden Dachflächen zwischen den Lichtbalken sind mit einer Grasschicht bewachsen, die im Sommer und im Winter eine ideale Schutzschicht bildet.

Auf der Südseite der Anlage ist ein mehrstöckiges Verwaltungsgebäude mit Personalunterkünften auf die darunterliegenden Remisen aufgesetzt.

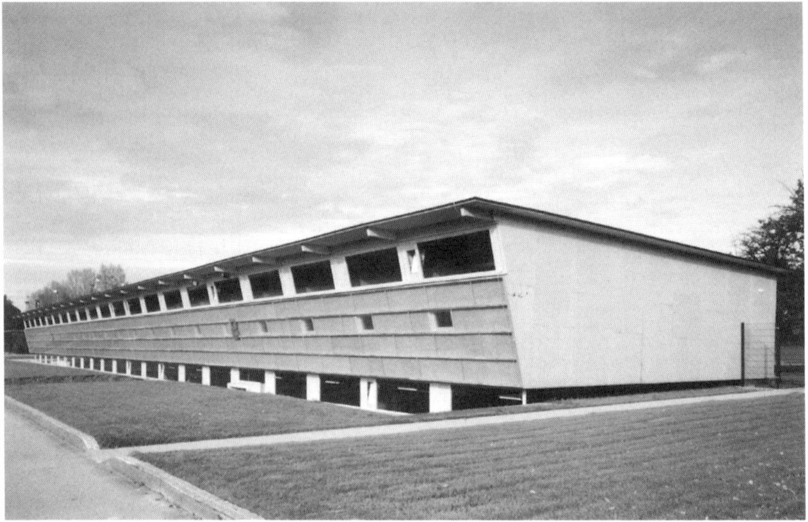

GARDEROBENGEBÄUDE
SPORTSTÄTTEN ST. JAKOB
SCHEIWILLER & OPPLIGER / 1992 - 93

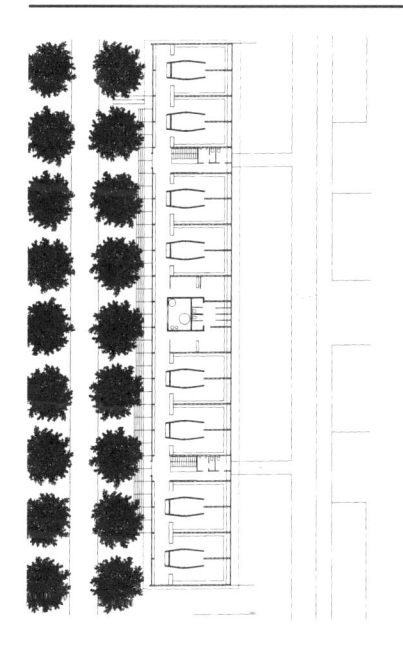

Bestehende Garderobenbauten der Sportstätten St. Jakob sind abgerissen und durch einen Neubau ersetzt worden.

Das neue Gebäude ist ein um ein halbes Geschoss versenkter, zweigeschossiger Bau. Über eine kurze Treppe gelangt man von der Allee her in das 1 m höher liegende obere Geschoss. Auf jedem Geschoss stehen 16 Garderobenräume zur Verfügung, wobei jeweils deren zwei mit einem Duschraum eine Einheit bilden.

Durch eine lange, sanfte Stufung auf der Zugangsseite und einer Absenkung Seitens der Fussballfelder tritt das Gebäude in eine räumliche Beziehung mit der Weite der Umgebung.

Das Serielle der Funktionsabläufe wird im Grundriss offen dargelegt, so alternieren die Duschräume aus Beton in regelmässigem Rhytmus mit den Umkleideräumen in Ständerbauweise. Nass und Trocken sind als Baustruktur umgesetzt.

58 WOHNHAUS IM PARK / SILVIA GMÜR / 1990 - 92
Äussere Baselstrasse 397, Tram 2, 6 Eglisee

59 SCHULHAUS NIEDERHOLZ / ROLF BRÜDERLIN / 1993 - 94
Langenlängeweg , Tram 6 Niederholz

60 WOHNSIEDLUNG / METRON ARCHITEKTEN / 1991 - 93
Im Niederholzboden, Tram 6 Niederholz

61 ANBAU AN EINFAMILIENHAUS / SILVIA GMÜR / 1988
Rütiring 12, Bus 35 Rudolph Wackernagelstrasse

62 EINFAMILIENHAUS / FIERZ & BAADER / 1992
Am Hang 19, Bus 35 Rudolph Wackernagelstrasse

63 GARDEROBENGEBÄUDE / LÖW & DÖRR / 1990 - 91
Grendelmatte, Tram 6 Burgstrasse

64 BEYELER MUSEUM / RENZO PIANO / BURCKHARDT + PARTNER AG / 1994 - 96
Baselstrasse 121, Tram 6 Weilstrasse

65 ALTERS- UND PFLEGEHEIM ZUM WENDELIN / W. & K. STEIB / 1985 - 88
Inzlingerstrasse 50, Tram 6 Weilstrasse

66 WOHNSIEDLUNG VOGELBACH / ALDER UND PARTNER / 1990 - 92
Friedhofweg 30 - 80, Tram 6 Weilstrasse

RIEHEN

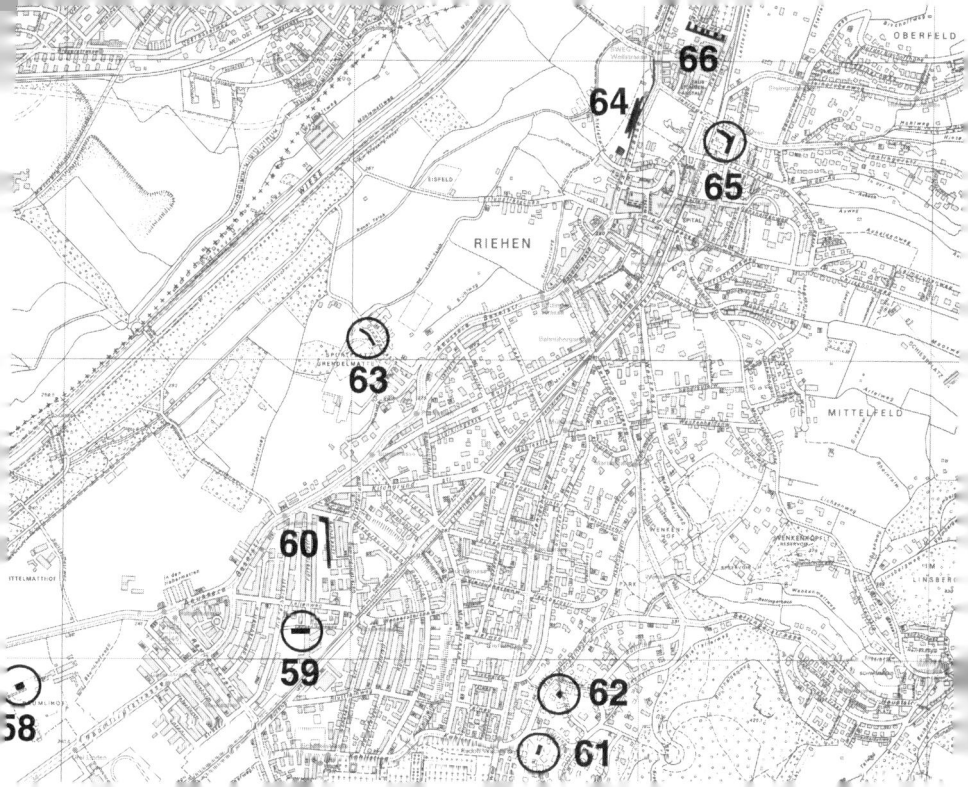

OBERFELD

MITTELFELD

RIEHEN   R

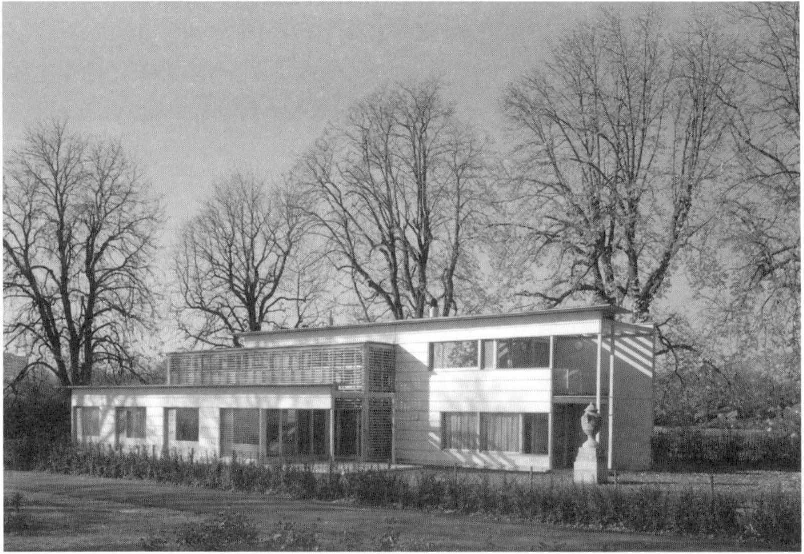

WOHNHAUS IM PARK
ÄUSSERE BASELSTRASSE 397
SILVIA GMÜR / 1990 - 92

Das Gut Kleinriehen mit Bauernhof und Herrschaftsgebäuden wurde durch einen Neubau, ein Objekt im Park, ergänzt.

Das Einfamilienhaus ordnet sich in die Flucht der bestehenden Bauten ein und nimmt die Rundung des Parks durch zwei gegeneinander verschobene Baukörper auf, steht aber in bewusstem Kontrast zur bestehenden Anlage.

Das sich nach Südwesten öffnende Haus gliedert sich in Gartentrakt, Erschliessungsschicht und den zweigeschossigen Haupttrakt.

Der auf einer Betonplatte schwebende Pavillon wurde in einer leichten Holzbaukonstruktion ausgeführt, sein Rücken besteht aus einer massiven Wandscheibe.

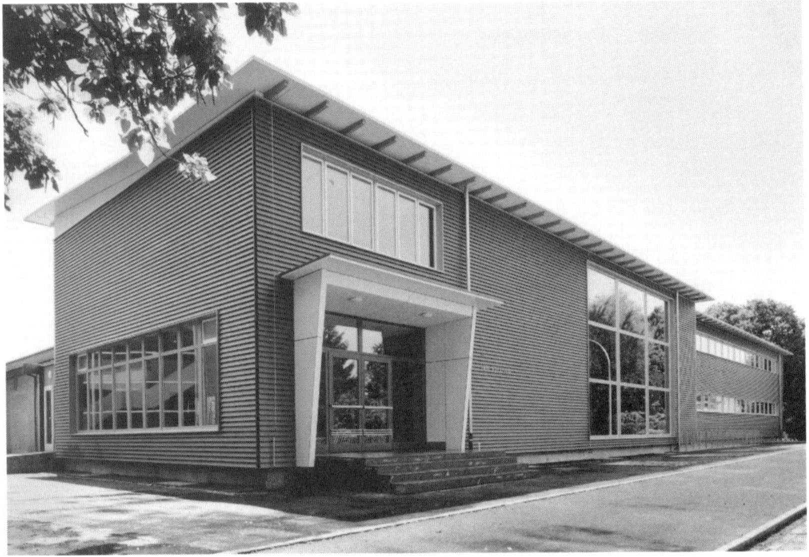

SCHULHAUS NIEDERHOLZ
LANGENLÄNGEWEG
ROLF BRÜDERLIN / 1993 - 94

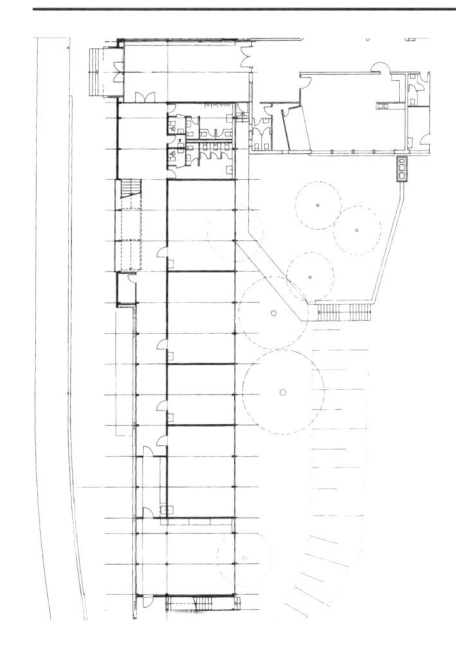

59

Der zweigeschossige Schulhaustrakt erweitert die 1951 von Vadi erstellte Schulanlage.

Der Zeitrahmen von neun Monaten Bauzeit, die örtliche Tradition von Holzbauten des "Neuen Bauens" (Bernoulli, Artaria + Schmidt), sowie ökologische Erwägungen begründen die Wahl der Holzskelettbauweise.

Der mit einem flach geneigten Pultdach nach Süden gerichtete, einbündige Baukörper weist zwei unterschiedlich gestaltete Fassaden auf :

Die Strassenfassade besteht aus einer rot eingefärbten horizontalen Stulpschalung, die durch den Eingang und eingeschnittene Fensterflächen unterbrochen wird. Die dem Garten zugewandte Fassade mit den Schulzimmern ist flächig mit gelb gestrichenen Platten verkleidet; die verspielte Einteilung der Fenster verleiht ihr einen leichten und offenen Ausdruck.

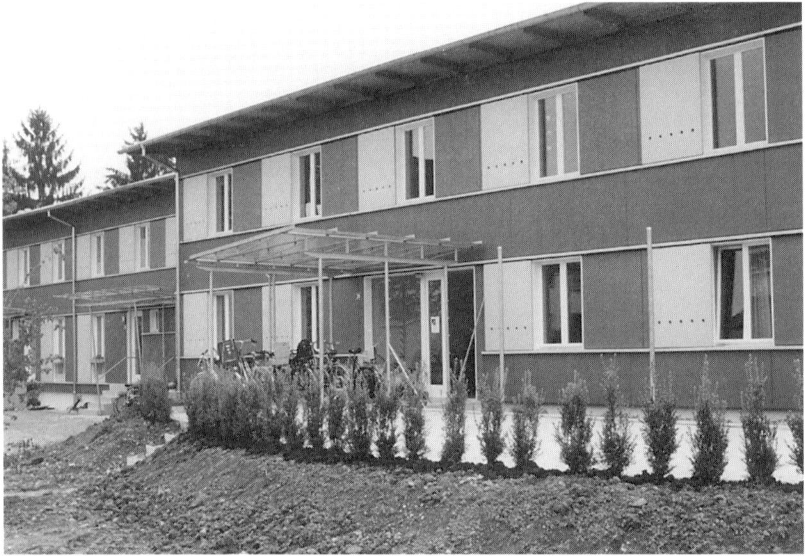

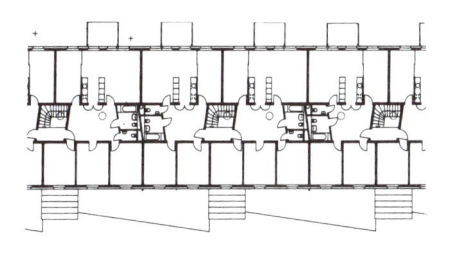

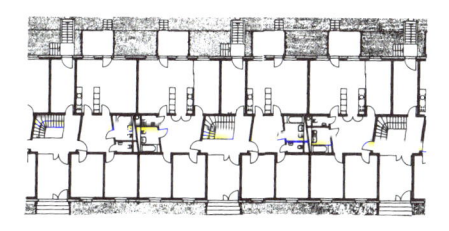

WOHNSIEDLUNG
IM NIEDERHOLZBODEN
METRON ARCHITEKTEN / 1991 - 93

Das langgezogene Areal einer ehemaligen Gärtnerei liegt inmitten eines gartenstadtähnlichen Reihenhausquartiers. Der Neubau liegt ausgemittet zwischen bestehenden Hauszeilen, aber diagonal im eigenen Grundstück. Der parkartige Charakter bleibt gewahrt.

Der Mittelbau beherbergt 30 Genossenschaftswohnungen, Kopf und Ende des Baues werden von 12 Wohnungen für Behinderte, zwei Gemeinschaftsräumen und vier Reihenhäusern gebildet.

Als Zielsetzung galt es kostengünstigen Wohnraum mit hoher Wohnqualität, minimalem Energieverbrauch und ökologischer Konstruktion zu erhalten.

Der Massivbau wurde mit einer hinterlüfteten Holzplattenfassade verkleidet, welche durch ein intensives Farbkonzept geprägt ist.

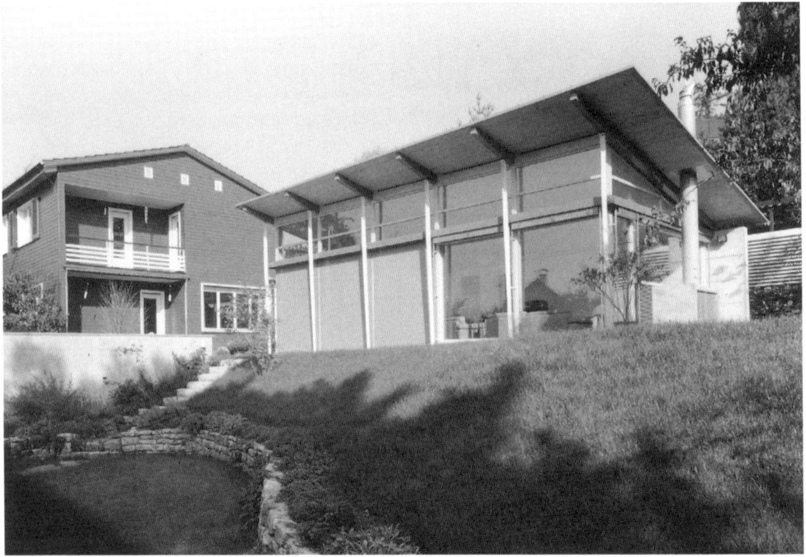

ANBAU AN EINFAMILIENHAUS
RÜTIRING 12
SILVIA GMÜR / 1988

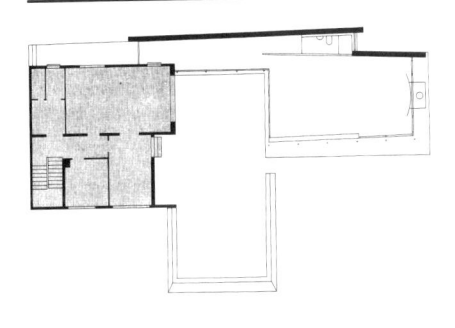

61

Ein Holztypenhaus von Hans Bernoulli, erbaut 1932, wurde renoviert und durch einen grossen Wohnraum erweitert. Die präzise kubische Form und die Einfachheit der Räume widersprachen einer Addition an das Haus, so wurde das geforderte Programm in einem selbständigen Pavillon gelöst.

Durch das neue Volumen entsteht eine winkelförmige Anlage. Die beiden Baukörper, getrennt durch den Hof, treten in eine enge Beziehung.

Der Pavillon kontrastiert das Bernoullihaus durch ein unterschiedliches Raumgefühl, grosse Transparenz und härtere Materialien. Durch Ähnlichkeit in der Proportionierung, in den Materialstrukturen und in der Farbanwendung entsteht jedoch die gewünschte Verwandtschaft.

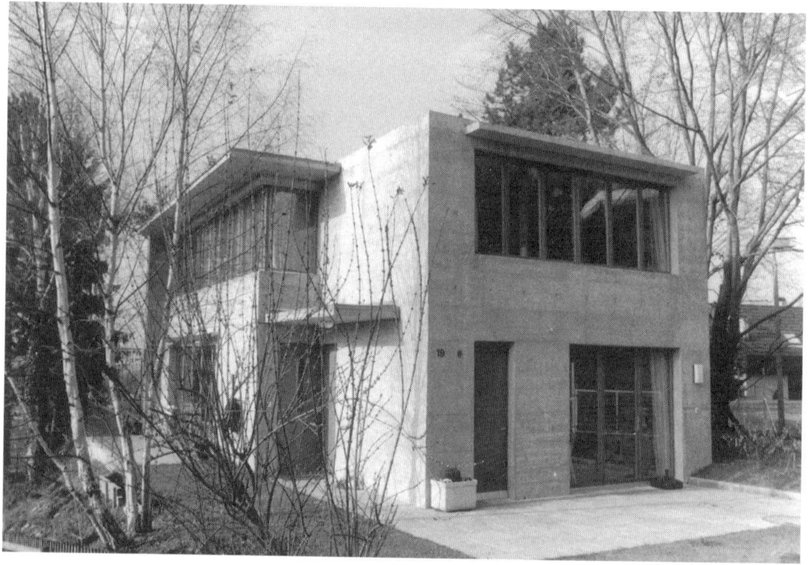

EINFAMILIENHAUS AM HANG 19
FIERZ & BAADER / 1992

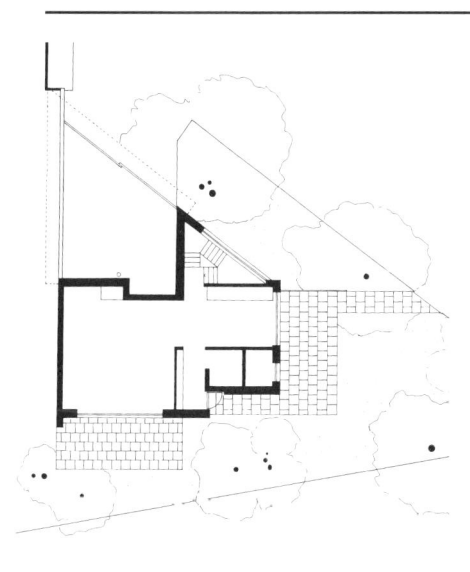

62

Bei der Umwandlung und Erweiterung eines Gartenhauses in ein selbständiges Einfamilienhaus, galt es bestehende Mauerteile in Beton aus den frühen 60er Jahren in den Entwurf zu integrieren. Dreiseitig erscheint das Haus nun in einem Betonmantel der 90er Jahre, während die rückwärtige Nordfassade die Betonstruktur des Baujahres 1963 zeigt. Auch lassen sich die verschiedenen Epochen in der unterschiedlichen Verarbeitung des Materials ablesen.

Die integrierten alten Gartenstützmauern lassen den Neubau mit der benachbarten Betonvilla der 60er Jahre zu einer Gesamtanlage verschmelzen.

Die bestehenden Wände wurden mit Schaumglasplatten isoliert, die äussere Schale anschliessend vorbetoniert.

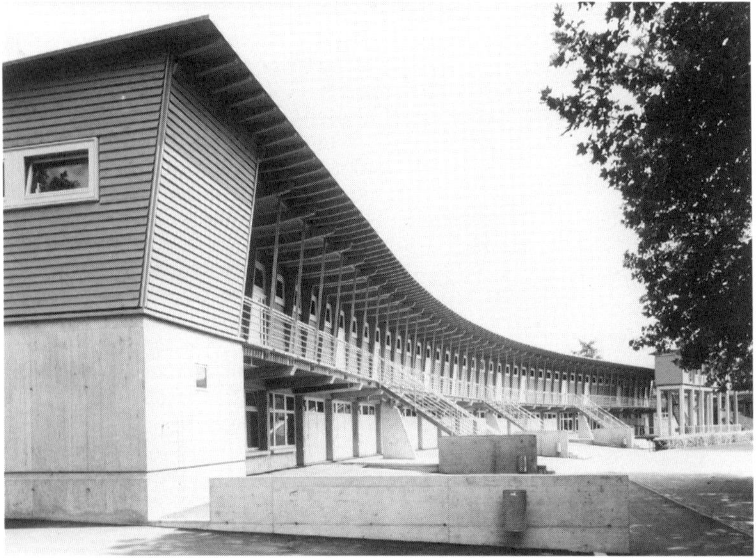

GARDEROBENGEBÄUDE
GRENDELMATTE
LÖW & DÖRR / 1990 - 91

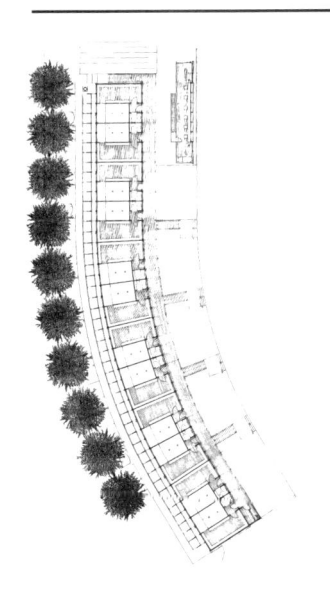

Der neue Garderobentrakt mit dem vorgelagerten Zeitmessgebäude ergänzen die bestehende Tribüne zu einer räumlich geschlossenen Anlage. Sie bilden als "Rücken" den nördlichen Abschluss der Sportanlage und wirken als Immissionsschutz für die benachbarten Wohnbauten.

Die Nahtstelle zwischen Alt- und Neubau bildet der Haupteingang. Mit der Neugestaltung dieses Bereiches wird eine Verwebung der Bauten erzielt.

Das Sockelgeschoss, welches Geräteräume, Mehrzweckraum, WC, Grossküche und Lagerräume enthält, ist aus Ortbeton.

Das Obergeschoss mit 12 Garderoben wurde in Holzständerbauweise, aussen und innen verschalt und isoliert, erstellt und wird über einen Laubengang und Aussentreppen aus Stahl erschlossen.

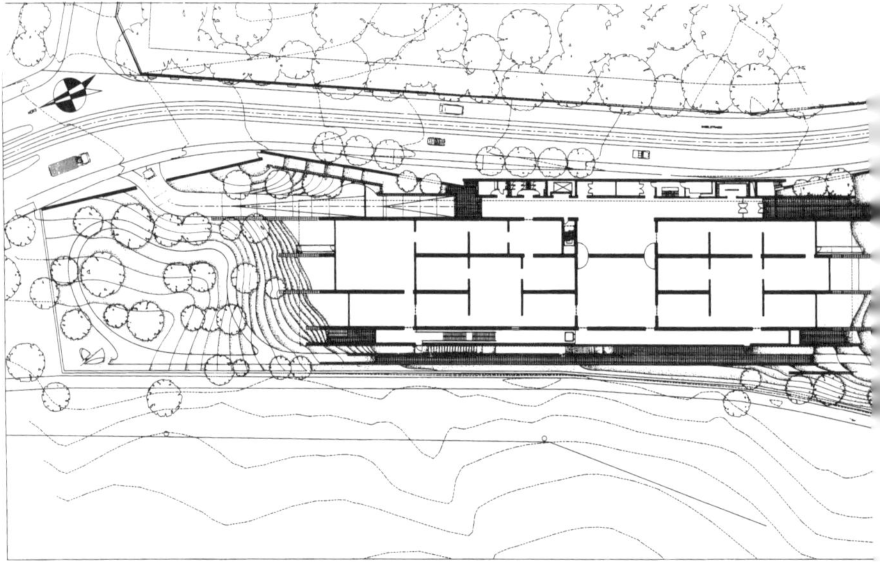

BEYELER MUSEUM
BASELSTRASSE 121
RENZO PIANO / BURCKHARDT + PARTNER AG / 1994 - 96

64

Im Museum auf dem Berowergut wird das Kunsthändlerehepaar Beyeler ihre hochrangige Sammlung von Bildern und Skulpturen des 20. Jahrhunderts der Öffentlichkeit zugänglich machen.

Vom Haupteingang gegenüber der Villa Berower kommend, entdeckt der Besucher das Museum den Park durchschreitend. Der langgezogene Baukörper, in der Höhe und an seinen Enden abgestuft, wird von der Baslerstrasse durch die leicht geschweifte Gutsmauer abgeschottet.

Diese erzeugt ein primäres System paralleler Wandscheiben und Raumschichten in Nord-Süd-Richtung. Durch Überlagerung eines sekundären Systems von querstehenden Mauern und Trennwänden entstehen Raumzellen und Innenhöfe verschiedener Grösse und Proportion.

Die leichte Dachkonstruktion, ein zweifach verglaster Giebelraum, wirkt als Lichtfilter und Sonnenschutz und konditioniert das einfallende Tageslicht.

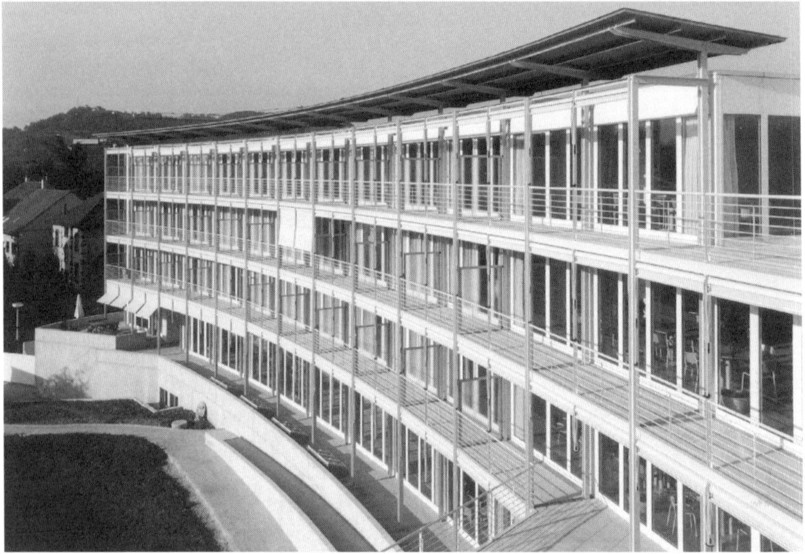

ALTERS- UND PFLEGEHEIM ZUM WENDELIN
INZLINGERSTRASSE 50
WILFRID & KATHARINA STEIB / 1985 - 88

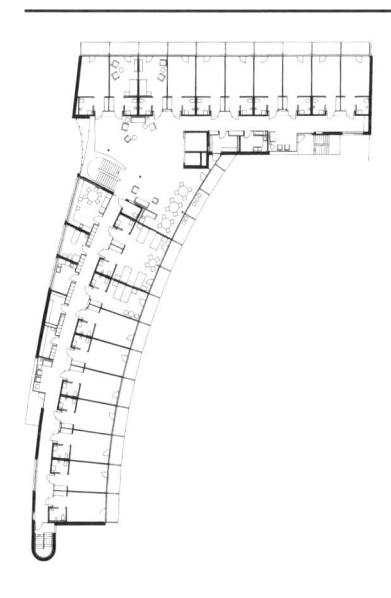

"Heiterkeit und Leichtigkeit, eine fröhliche, gartenhafte Atmosphäre" war das Ziel der Architekten.
Lichteinfall und Schattenspiel, sowie die gewählte Materialisierung tragen dazu bei.
Die Pensionärszimmer sind gross und hell und die Gänge sind abwechslungsreiche Aufenthalts- und Bewegungszonen.
Im Wechselspiel von Innen und Aussen sind im ganzen Gebäude differenzierte Erlebnismöglichkeiten geschaffen worden.

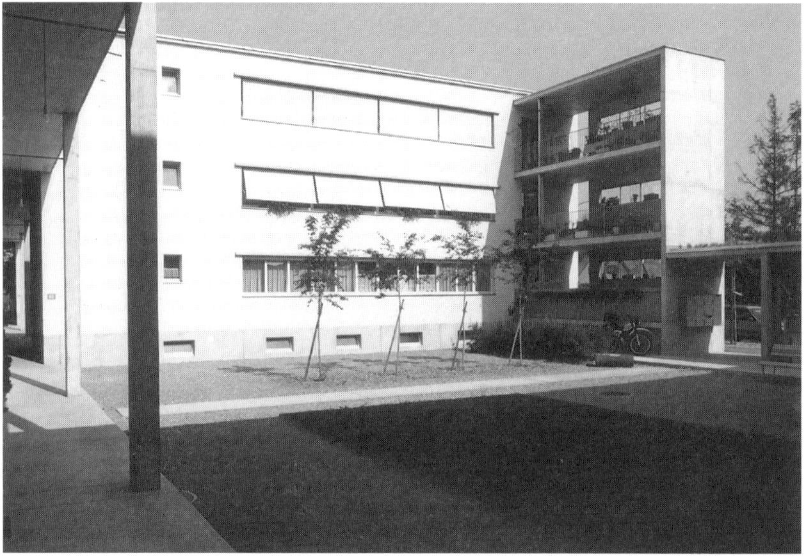

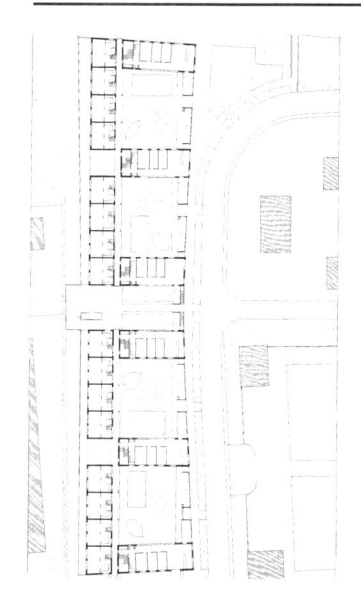

WOHNSIEDLUNG VOGELBACH
FREDHOFWEG 30 - 80
MICHAEL ALDER UND PARTNER / 1990 - 92

66

Vier eigenständige Wohnhöfe unterschiedlichen Charakters werden von kammartig angeordneten dreigeschossigen Gebäudeflügeln umfasst.
Im Kammriegel sind übereinanderliegende Maisonnettewohnungen untergebracht, während die Gebäudefinger jeweils von drei Geschosswohnungen belegt sind. In diesen bildet ein grosszügiger Gang - einer inneren Laube gleich - den Eingangsbereich, an dem die Schlafzimmer zellenartig angereiht sind. Dieser Gang endet in einem grossen Wohnzimmer mit offener Küche und anschliessender Terrasse.
Klar definierte Volumen und Räume inszenieren ein Spiel von Licht und Schatten und bilden Orte für soziale Kontakte. Die klaren Formen werden durch präzise eingesetztes Material wie verputztes Mauerwerk, Beton, Stahl und Glas in klärender Weise unterstützt.

67 KONFERENZ- UND TAGUNGSGEBÄUDE / TADAO ANDO / GPF & ASS. / 1992 - 93
Römerstrasse

68 VITRA DESIGN MUSEUM / FRANK O. GEHRY / GPF & ASS. / 1988 - 89
Römerstrasse

69 FEUERWEHRGEBÄUDE / ZAHA HADID / GPF & ASS. / 1991 - 92
Charles-Eames-Strasse

70 FOTO STUDIO / HERZOG & DE MEURON / 1981 - 82
Riedlistrasse 41

FRIEDLINGEN

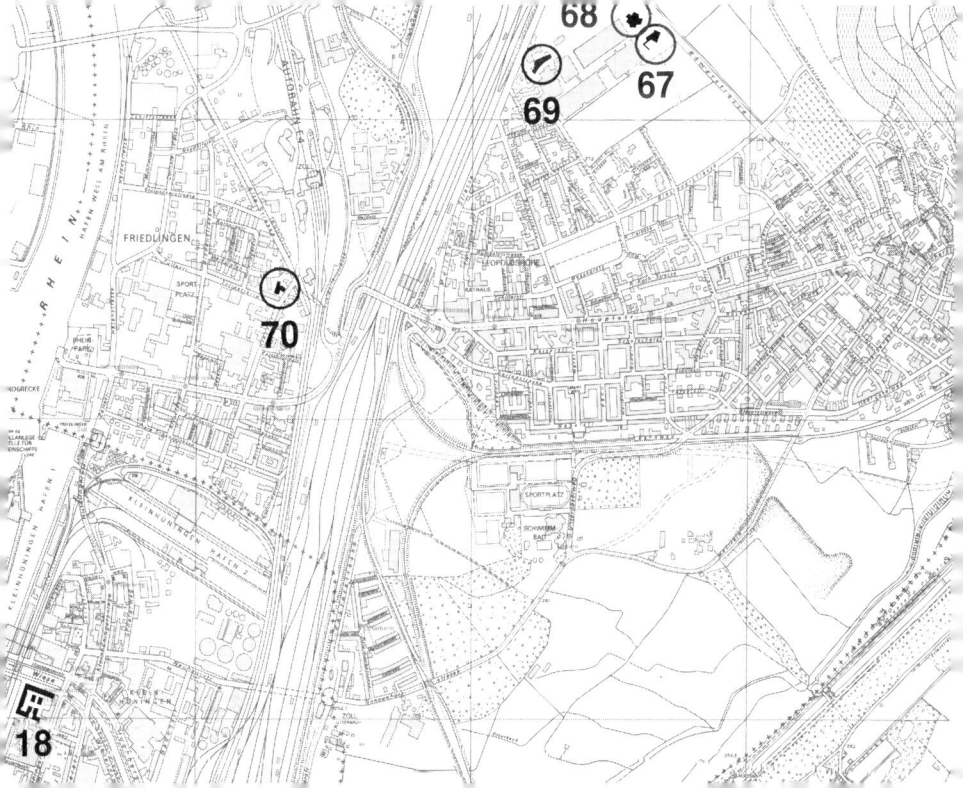

68
69
67
70
18

D-WEIL   W

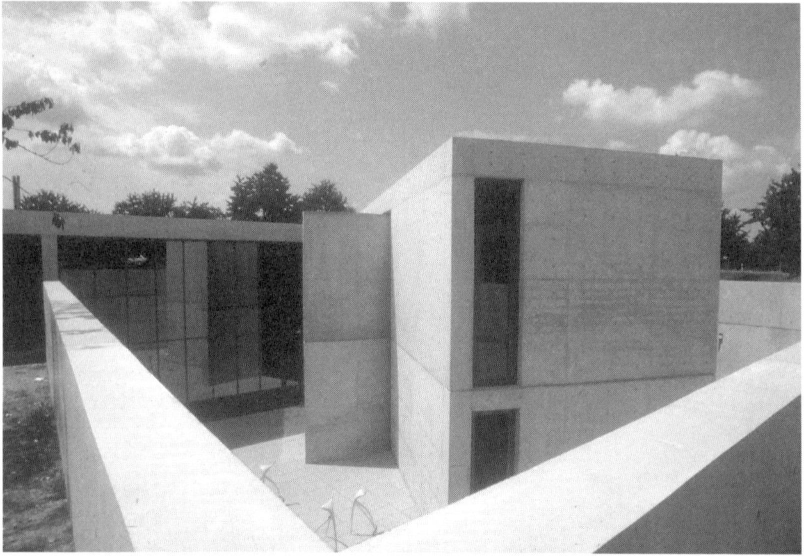

KONFERENZ- UND TAGUNGSGEBÄUDE
RÖMERSTRASSE
TADAO ANDO / GPF & ASSOZIIERTE / 1992 - 93

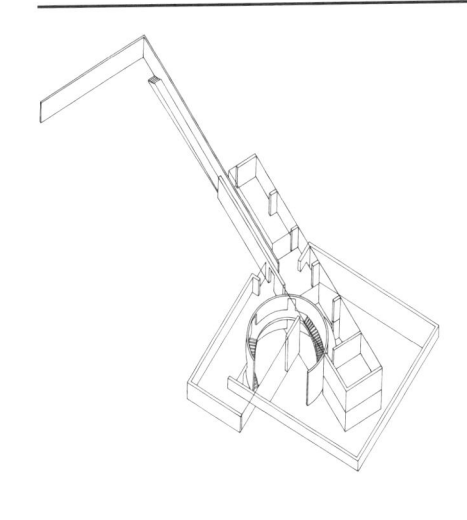

67

Inmitten eines Kirschbaumfeldes, in direkter Nachbarschaft zu den dynamischen Bauten von Frank O. Gehry wirkt der Bau mit seiner fast abweisenden Kargheit ruhig und abgeschlossen.

Ando versucht mit seinen Bauten die Strenge und Klarheit der traditionellen japanischen Architektur auszudrücken.

Die weit auslaufenden Betonmauern geleiten den Besucher in das labyrinthartige Gebäude; sie trennen und fassen zugleich zusammen.

Überraschend öffnet sich der Blick in einen tiefer liegenden Hof, den man über verschiedene Wege erreichen kann.

Die Mauer, eine monolithische Betonstruktur, wird auf der Oberfläche so sensibel behandelt, dass die Mauerflächen Ruhe und Ausgeglichenheit ausstrahlen.

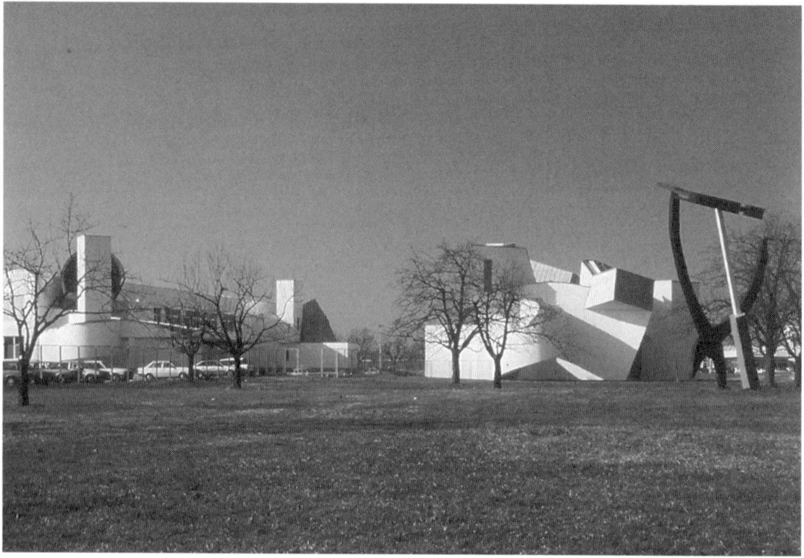

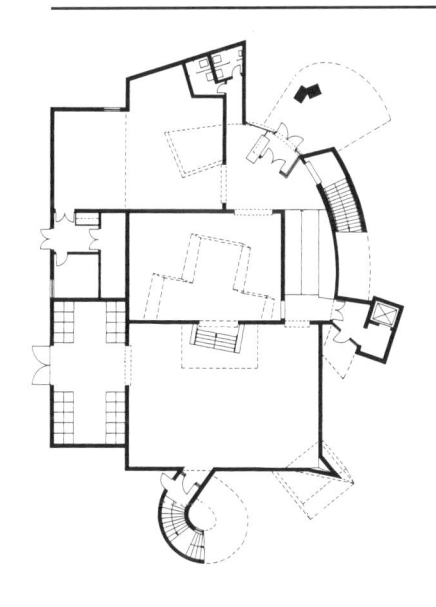

VITRA DESIGN MUSEUM UND MÖBELPRODUKTIONSHALLE
RÖMERSTRASSE
FRANK O. GEHRY / GPF & ASSOZIIERTE / 1988 - 89

68

In Form dieser dynamischen Skulptur hat die amerikanische Urform des Dekonstruktivismus in Europa Fuss gefasst.

Das Museumsgebäude ist aus sich durchdringenden Körpern komponiert; dabei entstehen faszinierende Formen und Überschneidungen.

Im Innern des Museums entpuppt sich die aussen noch unverstandene Skulptur als eine Abfolge von beeindruckend ineinandergreifenden Räumen.

Die drei grossen Ausstellungsräume stehen horizontal wie vertikal miteinander in Verbindung, was ermöglicht, sie auch als einen einzigen Raum zu erleben.

Durch Oberlichtkästen, die wie Lichtplastiken über den Ausstellungsräumen schweben, fällt Tageslicht dramatisch in die Innenräume.

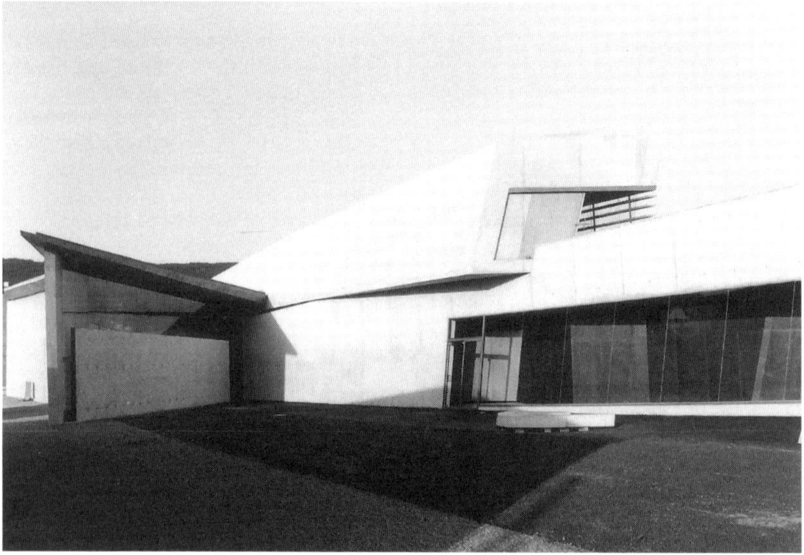

VITRA FEUERWEHRGEBÄUDE
CHARLES-EAMES-STRASSE
ZAHA HADID / GPF & ASSOZIIERTE / 1991 - 92

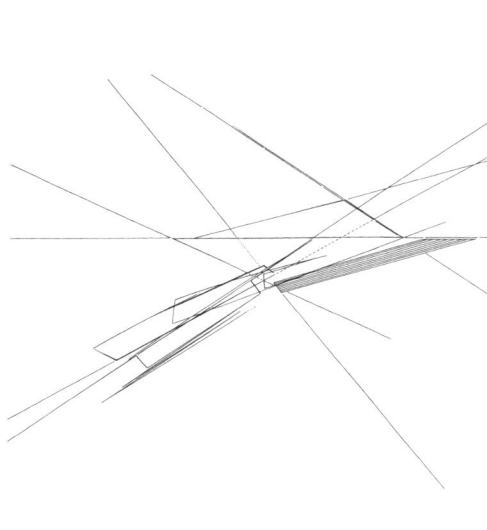

Das erste realisierte Gebäude der irakisch-englischen Architektin bildet eine überzeugende Synthese von Form und Funktion.

Die Dynamik, die man von einer Feuerwehr bei ihrem Einsatz erwartet, wird bildlich dargestellt durch scheinbar zersprungene, in Bewegung geratene und sich durchdringende Teile.

Die baustatisch äusserst heikle Betonkonstruktion wird offen ersichtlich, ebenso expressiv werden auch Stahl und Glas eingesetzt.

Als innen und aussen räumlich aussergewöhnliches Gebäude ergänzt es die anderen skulpturalen Bauten der Möbelfabrik.

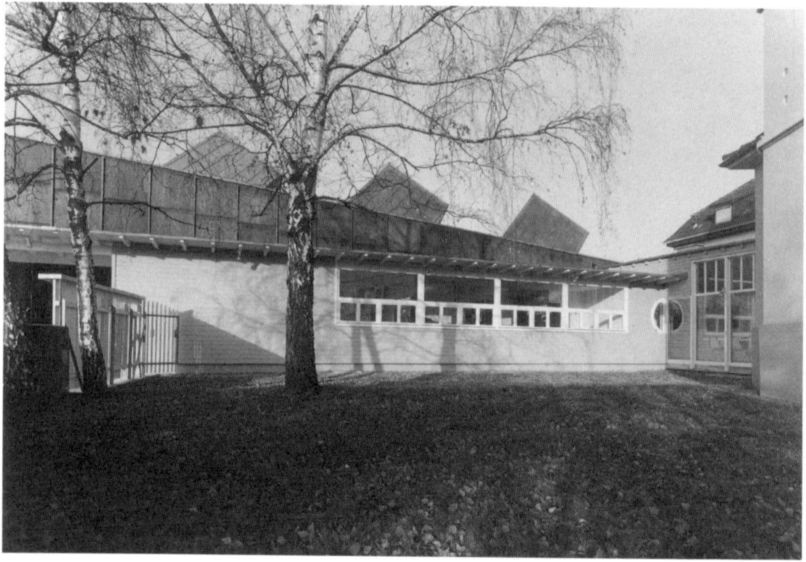

FOTOSTUDIO
RIEDLISTRASSE 41
HERZOG & DE MEURON / 1981 - 82

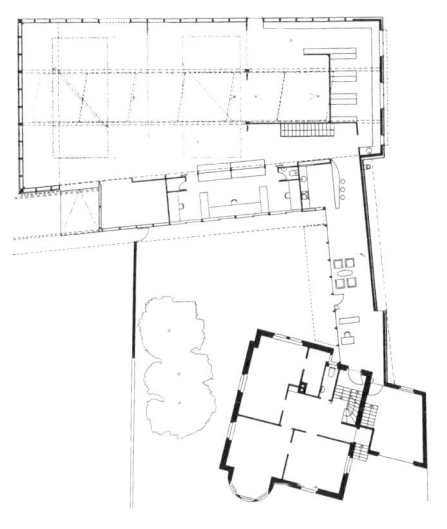

70

Das Fotostudio und die bestehende Villa bilden einen Hofraum mit Kies, Gras und einer Birkengruppe.

Das Fotostudio besteht aus verschiedenen Gebäudeschichten; alle sind Holzkonstruktionen mit verschieden verkleidenden Materialien: gestrichenes Holz, Sperrholz, Dachpappe und Blech.

Die gewaltigen Oberlichter, drei über Eck "eingesunkene" Kuben, sind wie Skulpuren über der "black box" angeordnet.

Sie sind nordgerichtet und erlauben ein Arbeiten mit natürlichem und künstlichem Licht.

REGION BASEL

71

ALLSCHWIL

Jugend- und Freizeithaus
Hegenheimermattweg 76
Fierz & Baader / 1991

72

ARLESHEIM

Einfamilienhäuser im Zelglipark
im Zelg 10 -16
Fierz & Baader / 1987 - 90

73

BIEL-BENKEN

Spittelhof Umbau / Erweiterung
Schulgasse 30
Beda Küng / 1990 - 92

74

BINNINGEN

Einfamilienhaus
Hölzlistrasse 1
Hans Peter Müller / 1990

75

BIRSFELDEN

Verwaltungsgebäude
Klünenfeldstrasse
Frank O. Gehry / GPF & Ass. / 1993

76

BOTTMINGEN

Wohnsiedlung Bruderholz
Gemeindeholzweg 6, 8 +10
Ortin, Plattner, Trüssel / 1991 - 92

77

BOTTMINGEN

Einfamilienhaus
Kirschbaumweg 27
Michael Alder & Partner / 1987 - 88

78

BOTTMINGEN

Sperrholzhaus
Rappenbodenweg 6
Herzog & De Meuron / 1984 - 85

79

BUBENDORF

Gewerbegebäude
Grüngenstrasse 15
Markus Schwob / 1993 - 94

80

ETTINGEN

Gewerbegebäude
Witterswilerstrasse
Felix Andres / 1992 - 93

81

HIMMELRIED

Atelierhaus
Muldenweg 415
Fierz & Baader / 1992

82

LAUFEN

Lagerhalle und Erweiterung
Baselstrasse
Herzog & De Meuron / 1986 - 87

83

LIESTAL

Element Einfamilienhaus
Dachsweg 2
Fierz & Baader / 1989

84

LIESTAL

Doppel-Einfamilienhäuser / 1989
Kanzelweg 3 - 9
Erny, Gramelsbacher, Schneider

85

LIESTAL

Einfamilienhaus
Seltisbergerstrasse 48
Rosenmund + Rieder / 1993 - 94

86

LIESTAL

Bürogebäude
Grammetstrasse 14
Artevetro Architekten / 1990 - 91

87

MÜNCHENSTEIN

Wohnüberbauung
Im Link
Zwimpfer Partner / 1993

88

RHEINFELDEN

Gartenpavillon EDEN
Hotel EDEN
Herzog & De Meuron / 1986 - 87

89

RODERSDORF

Einfamilienhaus
Landskronstrasse 11
Fierz & Baader / 1984 - 85

90

THERWIL

Haus für einen Kunstsammler
Lerchenrainstrasse 5
Herzog & De Meuron / 1985 - 86

ADRESSEN

ALDER und PARTNER	Architekten BSA St. Alban Vorstadt 24 4052 Basel
ALIOTH REMUND GAIBA	Architekten BSA Klingental 13-15 4058 Basel
ANDRES, FELIX	Architekt SIA Witterswilerstrasse 3 4107 Ettingen
ARCHITEAM 4	Architekten HTL Freie Strasse 3 4001 Basel
ARTEVETRO-IEU	dipl. Architekten ETH AG Grammetstrasse 14 4410 Liestal

BOTTA, MARIO	Prof. Architetto Via Ciani 16 6900 Lugano
BROGLI, ESTHER & MÜLLER, DANIEL	Architekten BSA Burgweg 16 4058 Basel
BRÜDERLIN, ROLF	dipl. Architekt SIA Bettingerstrasse 3 4125 Riehen
BURCKHARDT + PARTNER	Architekten Generalplaner AG Peter Merian Strasse 34 4002 Basel
BÜRGIN NISSEN WENTZLAFF	Architekten St. Alban-Vorstadt 80 4052 Basel

CALATRAVA VALLS SA	Architektur- und Ingenieurbüro Obere Zäune 14 8001 Zürich
DIENER & DIENER	Architekten Henric-Petri-Strasse 22 4010 Basel
ERNY + SCHNEIDER	Architekten BSA/SIA St. Alban Vorstadt 68a 4052 Basel
FIERZ & BAADER	Architekten ETH/BSA/SIA Marktgasse 5 4051 Basel
FURRER & FASNACHT	Architekten ETH/SIA Rümelinsplatz 7 4001 Basel

GMÜR, SILVIA	dipl. Architektin ETH/BSA/SIA St. Johanns-Vorstadt 17 4056 Basel
GPF & ASSOZIIERTE	freie Architekten BDA Industriestrasse 2 D-79541 Lörrach-Hagen
GRAMELSBACHER, URS	Architekt BSA/SIA St. Johanns-Vorstadt 22 4056 Basel
HERZOG & DE MEURON	Architekten BSA/SIA/ETH Rheinschanze 6 4056 Basel
KÜNG, BEDA	dipl. Architekt ETH/BSA/SIA Burgunderstrasse 38 4051 Basel

LÖW & DÖRR	Architekten Haltingerstrasse 40 4057 Basel
MARBACH & RÜEGG	Architekten Kappelergasse 16 8001 Zürich
METRON	Architekturbüro AG Am Perron Stahlrain 2 5200 Brugg
MORGER & DEGELO	Architekten BSA Spitalstrasse 8 4056 Basel
MÜLLER, HANSPETER	Architekt BSA St. Alban-Vorstadt 24 4052 Basel

NAEF, STUDER & STUDER	Architekten BSA AG Hegarstrasse 9 8031 Zürich
OPLATEK, JURA	Architekt SIA Lange Gasse 86 4052 Basel
ORTIN, PLATTNER, TRÜSSEL	Architekten HTL St. Johanns-Vorstadt 22 4056 Basel
PIANO, RENZO	Renzo Piano Building Workshop 34 rue des Archives 75004 Paris
ROSENMUND + RIEDER	dipl. Architekten ETH/SIA, HTL Tiergartenstrasse 1 4410 Liestal

SCHEIWILLER & OPPLIGER	dipl. Architekten ETH/SIA Klingental 11 4058 Basel
SCHWOB, MARKUS	dipl. Architekt ETH/SIA Murenbergstrasse 2 4416 Bubendorf
SPYCHER, ERNST	dipl. Architekt SIA Nadelberg 12 4051 Basel
STEIB, WILFRID und KATHARINA	Architekten BSA/SIA Leimenstrasse 47 4051 Basel
ZWIMPFER PARTNER	Architekten und Planer AG St. Alban-Anlage 66 4052 Basel

KONTAKTADRESSEN

VERKEHRSVEREIN BASEL	Offizielles Büro Schifflände / Blumenrain 2 4001 Basel / 061 261 50 50
ARCHITEKTURMUSEUM BASEL	Museum und Sekretariat Pfluggässlein 3 4001 Basel / 061 261 14 13
AUTOREN	Daniel Burckhardt, dipl. Arch. ETH/SIA Mermet & Burckhardt Architekten AG Hardstrasse 43 4020 Basel / 061 311 34 35 Daniel Wittlin, dipl. Arch. ETH Steck & Partner Architekten AG Kaiserstrasse 1 4310 Rheinfelden / 061 836 91 51

BILDVERZEICHNIS

Alder Michael, Basel	21, 77
Andres Felix, Ettingen	80
Artevetro AG, Liestal	86
Baur Christian, Basel	27
Blaser Werner, Basel	65
Bräuning Niggi, Basel	10, 19, 42, 49, 57
Brogli & Müller, Basel	33
Dix Thomas, Grenzach-Wyhlen	75
Erny + Schneider, Basel	44, 45, 84
Fierz & Baader, Basel	34, 36, 62, 71, 72, 81, 83, 89
Frei, Weil	70
Giese André, Basel	38
Gmür Silvia, Basel	6, 52, 58, 61
Grieder Heiner, Basel	79
Hauser Walter, Winterthur	63
Helfenstein, Zürich	2, 20
Herzog & De Meuron, Basel	7, 40, 56, 88, 90
Islor Vora, Basel	4
Kehl Lilian, Basel	1, 11, 12, 13, 14, 22, 29, 32, 37, 41

Koma Fotografie, Basel	23
Küng Beda, Basel	73
Laguillo Manuel	82
Lichtenberg Christian, Basel	3, 17
Morger & Degelo, Basel	15, 16, 51, 53
Müller Hans-Peter, Basel	74
Münchhalfen Hans H., Lörrach	47
Ortin, Plattner, Trüssel, Basel	76
Riegger Josef, Allschwil	50
Scherrer Theodor, Basel	35
Spiluttini-Krischanitz Margherita, Wien	5, 78
Steib, Basel	18
Verkehsverein Basel	43
Vischer Oplatek, Basel	48
Vitra, Weil	68
Voegelin Andreas F., Basel	8, 9, 28, 59
Walti Ruedi, Basel	25, 85
Wyss Kurt, Basel	67
Burckhardt / Wittlin, Basel	24, 26, 30, 31, 39, 46, 54, 55, 60, 66, 69

Architekturführer Basel
2. aktualisierte Auflage, 9'000 - 12'000

Herausgeber :
Daniel Burckhardt & Daniel Wittlin
Verlag :
Wiese Verlag, Basel
Graphik / Layout :
Daniel Burckhardt & Daniel Wittlin
Druck / Satz / Photolithos :
Basler Zeitung
Buchbinderarbeiten :
Henssler Basel

Die Pläne sind reproduziert mit
Bewilligung des Vermessungsamtes
Basel-Stadt.
Alle Rechte vorbehalten.

© 1995 Burckhardt & Wittlin, Basel

ISBN 3-909158-98-6